编委会

编委会主席　姚乐野　曹顺庆
编委会副主席　王晓路
编　　　委（以姓氏笔画为序）
　　　　　　甘瑞媛（韩国）
　　　　　　司马德琳（Madeline K. Spring）（美国）
　　　　　　白乐桑（Joel Marc Bellassen）（法国）
　　　　　　石　坚（四川大学）
　　　　　　刘乐宁（美国）
　　　　　　吴伏生（美国）
　　　　　　周小兵（中山大学）
　　　　　　郝　瑞（Stevan Harrell）（美国）
　　　　　　高德耀（Joe Cutter）（美国）

执行编辑、编务　李　韵　何　婉

国际汉语文化研究

International Studies of Chinese Language & Culture

（第七辑）

主　编　高　伟
副主编　雷　莉

四川大学出版社

图书在版编目（CIP）数据

国际汉语文化研究. 第七辑 / 高伟主编. — 成都：四川大学出版社，2022.11
　ISBN 978-7-5690-5749-2

Ⅰ. ①国… Ⅱ. ①高… Ⅲ. ①汉语－对外汉语教学－教学研究 Ⅳ. ① H195.3

中国版本图书馆 CIP 数据核字（2022）第 195805 号

书　　　名：	国际汉语文化研究（第七辑）
	Guoji Hanyu Wenhua Yanjiu (Di-qi Ji)
主　　　编：	高　伟

选题策划：周　洁
责任编辑：周　洁
责任校对：于　俊
装帧设计：墨创文化
责任印制：王　炜

出版发行：四川大学出版社有限责任公司
　　　　　地址：成都市一环路南一段 24 号（610065）
　　　　　电话：（028）85408311（发行部）、85400276（总编室）
　　　　　电子邮箱：scupress@vip.163.com
　　　　　网址：https://press.scu.edu.cn
印前制作：四川胜翔数码印务设计有限公司
印刷装订：成都金阳印务有限责任公司

成品尺寸：170mm×240mm
印　　张：12
字　　数：216 千字
版　　次：2022 年 12 月 第 1 版
印　　次：2022 年 12 月 第 1 次印刷
定　　价：52.00 元

本社图书如有印装质量问题，请联系发行部调换

◆版权所有 ◆ 侵权必究

扫码查看数字版

四川大学出版社
微信公众号

目　录

国际中文教育

新形势下在线少儿国际中文教育的发展与对策 …………… 魏海平（3）

On the Compilation of Workplace Chinese Textbooks under the
　　Paradigm of Systematic Working Process
　　………………………………………… Zhan Xia　Liu Jing（16）

混合弹性课程模式在国际中文教育中应用的可行性及实践策略研究
　　………………………………………………… 李　韵　胡　晓（30）

基于线上线下混合式翻转课堂的"对外汉语要素教学"课程建设现状
　　及对策研究 ………………… 饶冬梅　胡晓帆　罗怡然（41）

越南学生初级汉语课堂互动观察研究 ………… 丁　香　单韵鸣（49）

孔子学院海外网络传播质量评估指标体系构建研究 ………… 张　杰（70）

对外汉语教学

线上零起点学生声调学习情况调查研究 …………………… 何　婉（85）

再虚化副词的对外汉语教学大纲和教材设置 ……………… 胡　朗（100）

中华文化国际传播

美国汉语学习者的中国文化认同调查与研究 ……… 杨　恬　马小钰（111）

红色歌曲融入来华留学生教育的价值与教学策略研究
　　………………………………………………… 杨晓琳　李　韵（130）

汉语作为第二语言学习者的中华文化认同研究现状分析
——基于 CiteSpace 的可视化分析 ……………… 潘毓昉　雷　莉（137）

现代汉语

互动视角下负面评价构式"X 就 X"的语用规约化考察 …… 王　燕（151）
比较分析《华西官话汉法词典》与《西蜀方言》的编写体例
………………………………………………………… 李佳玉（164）

中国文学

浅析《红楼梦》中补天遗石和神瑛侍者的关系 ……………… 陈泓明（177）

国际中文教育

新形势下在线少儿国际中文教育的发展与对策①

魏海平

西南民族大学中国语言文学学院

摘　要：当前，国际中文教育迎来新时代转型，"互联网＋中文教育＋低龄化"新趋势日益显著。本文从语言推广、文化传播和商业经济三个方面分析了在线少儿国际中文教育的价值，回顾了在线少儿国际中文教育的发展情况，从教学对象、教学模式、教材建设、师资队伍四个方面总结了在线少儿国际中文教育的特征，并提出促进在线少儿国际中文教育进一步发展的建议。

关键词：少儿国际中文；在线教育；"互联网＋中文教育"；低龄化

The Situation and Strategy of Children's Online International Chinese Teaching in the New Development Trend

Wei Haiping

College of Chinese Language and Literature, Southwest Minzu University

Abstract: International Chinese education has ushered in a new era of transformation, and the new trend of "Internet ＋ Chinese education ＋ younger age" is becoming increasingly prominent. This paper first analyzes the value of children's online

---

① 本文受教育部中外语言交流合作中心2021年度《国际中文教育中文水平等级标准》教学资源建设项目"AI技术赋能的线上儿童中文课程资源开发与互动社区建构"资助，项目编号：YHJC21YB-034。

international Chinese education from three aspects: language promotion, cultural communication and economic benefits. Then it reviews the development stages of online children's international Chinese education. This paper concludes the characteristics of Children's online international Chinese education from four aspects of teaching objects, main teaching models, teaching materials construction and teachers training. The last but not the least, this paper proposes further development strategies.

Keywords：Children's International Chinese；Online teaching；"Internet+Chinese Education"；Younger-age Trend

2020年以来，国际汉语教学学科建设进入转型期。新冠肺炎疫情暴发后线下教学几乎停滞，国际中文教育全面在线化。疫情之后线下教学模式将逐步回归，线上教学将继续发挥重要作用，整个行业会逐步形成线上与线下教育互相补充、深度融合的国际中文教育新生态（文秋芳、杨佳，2020）。当前中文学习者的特点正发生巨大的变化，低龄化、职业化、社会化、网络化的"四化"趋势不断增强（崔永华，2020）。"互联网+"大时代技术赋能教育新形势、新冠肺炎疫情快速推进的中文教育网络化、需求驱动下的中文学习者低龄化这三者正以相互促进、彼此加持的形态迅速发展。

一、文献回顾

伴随网络信息技术的发展，国际中文教育迎来多方面革新。郑艳群（2020）提出在信息技术研究的基本框架下开展汉语教育技术的研究与实践，并用大数据研究方法来推动汉语教学研究。张会、陈晨（2019）提出探索灵活泛化的汉语学习方式、建立虚实结合的语言学习环境、加强网络资源共享等发展策略。新冠肺炎疫情加速了"互联网+中文教育"的融合，信息技术赋能的语言教育受到更多关注。李宇明（2020）提出发展线上汉语教学需着力更新教育理念，改善网络设施，开发适合教学的专用软硬件，集聚整合教育资源，提升教师线上教育技术等。赵扬指出疫情使线上教学成为常态，因此素材库建设更具紧迫性，并建议从儿童语料库中吸取灵感，逐步建立更加完善的服务于国际中文教育的教学资源库（陆俭明等，2020）。

李宇明（2018）指出全球国际中文教育低龄化水平已达到 50%，并对低龄化现象做了全面分析。邵滨、富聪（2020）梳理了 2005 年到 2019 年少儿汉语教学研究成果，提出已有研究主要集中在国别化、区域化的少儿汉语教学个案分析、少儿汉语教材的开发与对比等方面，较少涉及网络教学。吴应辉、刘丹丹（2020）提出少儿汉语沉浸式教学应顺应互联网发展趋势，将"互联网+"与汉语沉浸式教学相结合。大批国家将汉语纳入国民教育体系是国际中文教育低龄化的重要标志。李宝贵、庄瑶瑶（2020）分析了 64 个国家将汉语纳入国民教育体系的情况并提出相应的发展策略。

当前，如何处理好技术与教学之间的关系，设计出适合少儿年龄特征的少儿中文在线教学方法和教学资源，培养出既掌握新兴教育技术又了解少儿学习规律的专业教师等问题，成为国际中文教育"互联网+中文教育+低龄化"研究新课题。

二、在线少儿国际中文教育的价值

（一）语言推广价值

截至 2020 年底，全球共有 180 多个国家和地区开展中文教育，70 个国家将中文纳入国民教育体系[①]，这是中文进入"基础教育外语"层级的标志。推广少儿国际中文教育将扩大中文学习群体。学习者在中小学甚至学龄前就开始学习中文，对汉语的接受度会更高。若该群体成年后继续学习汉语的数量保持一定比例，成人汉语教学中的零起点学生会逐渐减少，从而为成人汉语、专门用途汉语、高级汉学人才等方向提前培养"预备军"。前沿信息技术加持与技术赋能现代教育打破了传统教学的空间与时间限制，扩大了国际中文教育的覆盖面。在线教学还可作为面授课堂的补充，通过在线辅导、线上语伴与社群、网络学习资源等形式，增加语言输入、操练机会，提供更便利的仿真习得环境，构建线上线下融合的语言推广新格局。

（二）文化传播价值

儿童处于认知起步阶段，在学习他国语言文化的过程中具有更大的包容

---

① 外交部官网：2021 年 7 月 7 日外交部发言人汪文斌主持例行记者会. http://switzerlandemb.fmprc.gov.cn/web/fyrbt_673021/jzhsl_673025/t1890370.shtml,2021-7-7。

性，更易产生跨文化认同。生于21世纪的互联网"原住民"对新技术、新媒介接受度很高。利用网络信息技术进行少儿国际中文教学将培养出语言能力强、文化认同度高，能更加客观地看待中国社会、理解中国文化的外国学习者。在线少儿国际中文课堂是讲好中国故事的重要阵地之一。

习近平总书记指出：要采用贴近不同区域、不同国家、不同群体受众的精准传播方式，推进中国故事和中国声音的全球化表达、区域化表达、分众化表达，增强国际传播的亲和力和实效性。① 少儿国际中文教育让海外少年儿童在掌握中国语言文化的同时了解当代中国、吸纳中国智慧。语言文化传播"从娃娃抓起"，可作为国际中文教育的一个新思路，也将为实现构建人类命运共同体的宏大目标贡献力量。

（三）商业经济价值

截至2019年底，全球有4.5万所华文学校，另有3万多所中小学开设中文课程（国家语言文字工作委员会，2020）。2018年国务院侨办批示了220所海外"华文教育示范学校"（王小明，2019）。截至2019年底，全球共有550个孔子学院和1172个孔子课堂。2020年中国国际学校市场总规模为439亿元人民币，其中外籍人员子女学校占比17%②。语言是经济资源，信息化发展程度越高，越能体现语言的经济效益（李宇明，2011）。全球教育网络化趋势的加强使在线少儿国际中文教育产业孕育着勃勃生机。

随着互联网产业的高速发展，资本市场开始进入在线少儿国际中文教育领域。如2018年国内在线教育平台VIPKID融资2亿美元并推出少儿中文项目Lingobus③，新加坡教育企业LingoAce在2018—2020年三轮融资1400万美元④，2020年网易有道入股锦灵中文⑤。市场繁荣将带来一系列经济社会效益，如推动教育企业与海外机构开展商业合作，国内在线教育企业"出海"创造更多税收，为高校汉语国际教育专业人才培养解决就业等。该

---

① 外交部官网：2021年7月7日外交部发言人汪文斌主持例行记者会. http://switzerlandemb.fmprc.gov.cn/web/fyrbt_673021/jzhsl_673025/t1890370.shtml，2021-7-7。

② 新浪教育网. http://edu.sina.com.cn/a/2020-11-23/doc-iiznezxs3229715.shtml. 2020-11-23。

③ 36氪网. https://36kr.com/p/1721787269121. 2017-08-23。

④ 网易新闻网. https://www.163.com/news/article/GD46LA7F00019OH3.html. 2021-6-22。

⑤ 腾讯网. https://new.qq.com/omn/20201211/20201211A0EUC900.html. 2020-12-11。

领域的持续发展还将带来更多国际合作，如构建在线少儿中文校企合作的产学研项目，与海外中小学合作开办网络双师课堂，组织线上线下混合的中文夏令营和中国游学，开发与销售数字化教学资源等，综合起来将形成丰富的产业链并产生巨大的经济效益和国际影响。

三、在线少儿国际中文教育发展情况

（一）疫情前发展状况

海外本土中小学、孔子课堂、海外中文学校、中国外籍人员子女学校和营利性汉语培训机构是少儿中文教学的主要阵地。疫情暴发前，少儿国际中文教学方式主要是线下面授，线上教学是因条件限制不能进行线下教学时的替代方法或研究性的实验，相关研究很少。早期从事在线少儿国际中文教学的主要是语言培训机构。笔者此前一项研究中调查了 30 所线上中文培训机构（魏海平，2019），主要结论包括：教学模式纯线上的占 64%，线上线下混合的占 36%；教学对象是纯华裔的占 32%，纯非母语者的占 16%，剩余的 52% 两者皆有；专注少儿教学的占 68%，另有 32% 的机构做成人教学起家后增加少儿教学；教学形式上 99% 的机构提供远程互动教学；自主开发教学工具平台的占 84%，使用 Skype、Zoom 等工具的占 16%；自主开发教材或课件的占 90%，直接使用公开发行教材电子版的占 10%。疫情暴发后该领域的变化较大，还需进一步调查。

（二）疫情期间发展状况

海内外中文教学在疫情期间全面转向线上。网络孔子学院免费提供系列精品慕课和网络直播课。2020 年 5 月推出的"中文联盟"平台，免费提供 190 多门 6000 多节在线课（国家语言文字工作委员会，2020），其中包括 YCT 少儿汉语动画微课。许多海外少儿中文教学资源平台也提供了丰富的网络学习资源，如新加坡教育部网站从 2020 年 5 月起免费提供"欢乐伙伴"电子教材和互动软件至 2021 年 7 月。美国的美洲华语学校的"美洲华语"电子资源网站持续提供免费的电子版教材、PPT、课后作业下载链接等。长期从事远程教育的线上中文培训机构迎来了始料未及的发展机遇。如 2017 年成立的在线少儿汉语教学平台 Lingobus 当年学员人数 1 万人，2021 年 6

月学员人数为 3 万。成立于 2017 年的 LingoAce2021 年官网宣传的学员人数由疫情前的 10 万飙升至 30 万。

（三）"后疫情时代"趋势展望

李宇明等（2020）认为"教学＋教务"的线上中文教育是发展方向。郑艳群（2015）通过系统分析指出要从技术对汉语教学的冲击和助力、利用信息技术审视教学并推进教学理论建设等多个方面发展网络时代的语言教学。我们认为无论疫情何时结束，线上线下融合、技术赋能教育的趋势都将继续发展。"后疫情时代"将会建立起技术的教学与人的教学互相促进、互相融合的行业生态。会有更多少儿中文学习者选择线上学习模式，专门化在线少儿中文师资需求将持续上升。该领域的研究将会围绕如何确定在线少儿国际中文教学的"三教"问题，以及怎样建设专业网络教学师资的培养体系、拓展基于网络教学的学科理论变革、开发基于云计算和大数据技术的网络教学资源库、创新基于网络技术的少儿课堂教学方法等问题开展。

四、在线少儿国际中文教育的特征

（一）教学对象特征

少年儿童的智力发育程度、认知理解能力、记忆能力、心理承受能力等都有其特性，因此其学习动机、学习策略、学习积极性、学习效果等都与成人存在差异。少儿国际中文教育的对象处于习得关键期，其在语音面貌、语感养成和兴趣培养等方面更具优势。在线教学可提供更多的输入模式和更大的学习便利。

由于传承语的传承需求和掌握中文带来的升学就业等实际好处，华裔儿童中文学习需求较高。随着更多国家将汉语纳入国民教育体系，有升学考试需求的非华裔群体也逐渐扩大且存在国别化差异。例如，新加坡、韩国和俄罗斯等国家的多个地区将汉语作为升学外语考试科目，英美的 IB、AP 中文考试分数逐年走高，教育部中外语言交流合作中心（简称语合中心）举办的 YCT 考试热度不断提升等。随着中国的国际影响力不断增强，越来越多的家长和孩子对中国语言文化及社会产生浓厚兴趣。美国前总统特朗普的孙女、欧洲国家王室子女、"脸书"创始人扎克伯格的女儿、足球明星贝克汉姆的女儿等国际政要名人子女学习中文的新闻也对海外大众选择学习中文起到了一定的助推作用。

（二）教学模式特征

在线语言教学模式可分为同步和异步两大类型。使用基于网络学习资源的异步教学模式是疫情期间的一种应急措施。同步教学的主要方式是师生互动的远程交互式教学，其在疫情期间也发挥了重要作用。由于少儿自主学习能力弱，在线少儿国际中文教学主要采用一对一或小班的远程交互式教学模式。在线少儿国际中文教学主要模式及其特征总结如表1所示：

表1 在线少儿国际中文教学的主要模式及其特征

教学模式	资源内容	优势	劣势	优质案例
纯自主学习	电子书、字帖、电子卡片和图片、动画视频等开放性或付费的多媒体网络学习资源	资源海量，选择丰富，学习时间灵活，学习方式碎片化、实用化	无互动模式；自主学习能力要求高；海量资源易造成信息过载，导致学生"网络迷航"	"WaWaYaYa"阅读资源App；"iChineseReader"阅读资源网站
教学展示资源结合自主学习	基于教育教学网站的慕课、公开课、微课、网络录播课等电子教学资源	教学内容系统性较强、内容丰富。学习时间灵活，学习方式碎片化、实用化	单向互动模式，学习效果反馈不足；针对儿童的产品较少	"网络孔子学院""中文联盟YCT系列微课""网上北语""北大中文慕课""唐风汉语"
人机交互学习	联网或单机的数字教材和学习软件	游戏化的操作体验和趣味性利于增强儿童学习动机，学习时间灵活，学习方式碎片化、实用化	人机互动模式的学习反馈不够个性化，目前专门针对儿童学习的此类产品选择较少	"长城汉语""七色龙""汉声中文西游汉语乐园""易汉语Easy Chinese""Cool Panda""Chinese Pod"
师生远程互动教学	通过远程视频教学软件与真人教师进行实时互动教学	双向师生互动模式和真实语言环境，个性化教学，学习效果反馈好	专门线上师资发展不够成熟；时间不够灵活，需要协调时差	"Lingobus""LingoAce""Speaking Duck""哈兔中文""考拉知道"

（三）教材建设特征

疫情在一定程度上促使教学模式和方法快速变革，但教材的开发建设不是一日之工。在线少儿国际中文教学的教材建设总体起步较晚。表1中前三种教学模式都是基于事先开发的教学资源或教学工具，教学模式和教材实际上是一体融合的。师生远程互动教学在教材方面则面临更大的挑战。将线下面授课堂搬到线上不仅仅是教学媒介的变化，还伴随教材形式的变化与配套电子教学资源需求的增加。面授课堂的互动模式主要依靠课堂活动，线上授课对课件的依赖则大大增加，开发系统性、互动性、趣味性、操作性强的教学材料是在线教学教材建设的重要环节。目前各类远程互动教学的教材建设和使用情况如表2所示：

表2 远程互动教学的教材建设和使用情况

教材类型	内容	优势	劣势
纸质教材的电子版形式	将传统纸质教材通过扫描等手段制作成电子版，供学生自学或通过远程教学软件分享。大多是疫情突发时的应急措施。	教材体系相对成熟，选择多，师生对教材熟悉度高。	针对面授课堂设计的教学活动在线上难以实现，形式单一、互动性弱。
多媒体教材	包括音视频链接和PPT动画的游戏型课件，课堂上教师基于这些课件展开教学。	趣味性和互动性强，教师教学自主性更大。	仍以教师操作为主，学生的参与度不够。
智能化数字教材	语言知识与交互操作融合，全面提供课文页面、音视频材料、师生双向操作的互动练习及游戏、互动作业及测评，利用交互式远程视频教学软件进行教学。	符合线上教学的特点和互动需求，教师的操作性和学生的参与性较强，智能化作业与测评可大大提高教学反馈质量。	开发成本高、人力与时间耗费大，目前限于少数科技教育公司自主研发、内部使用，缺乏普及性和足够的学术理论支持。

（四）师资队伍特征

国际中文教学的学科研究和师资培养从发展初期就面向成年汉语学习者，各类大纲、教材、教学法都围绕成年人的学习特征与规律展开，对少儿汉语而言缺少适龄性。大多数师资建设项目，如汉语国际教育专业本科生、硕士生培养，国际汉语教师资格证考核，孔子学院志愿者和公派教师培训都以成年人教学为重点。孔子课堂的师资选拔与培训在一定程度上关涉到少儿语言教师的培养，海外中小学汉语师资较多地结合了儿童教育和语言教育两个领域，但总体力度还远远不够。线上教学发展时间短，没有经过长期系统的专门化师资人才建设，有些教师将线下面授教学经验稍作调整就用到线上教学。理论性和系统性的缺乏容易形成线上形式加线下教法的"两张皮"格局。线上教学需要的现代教育技术培训也亟须纳入师资建设范畴。

五、在线少儿国际中文教育的发展对策

在线少儿国际中文教育的优势在于其顺应了当前国际中文教育的转型趋势，利用信息技术打破了空间壁垒来扩大教学外延，借势"互联网＋中文教育"获得了更多的网络教育资源来丰富教材建设成果。线上教学模式的革新促进了教学法、教师培养、语言水平测试等多方面的革新。该领域的不足在于发展时间短、相应的理论建设滞后、教学资源建设不足、师资队伍不够专门化等。在线少儿国际中文教育要从疫情应急手段发展成线上线下融合的语言教学新模态，我们认为具体发展对策主要包括以下五个方面。

（一）建设与完善少儿中文教学标准大纲

根据语合中心 2021 年 7 月推出的《国际中文教育中文水平等级标准》，以三等九级新框架、四维基准量化标准以及全新的规范性语法大纲为主要框架；结合并参考欧洲语言框架 CEFR、美国外语学习 5C 标准等规范性语言标准，吸收 AP 中文大纲、剑桥 IGCSE 中文课程大纲、新加坡 MOE 华文教学大纲等多个国家和地区较为成熟的语言标准及教学大纲，有针对性地完善已有的第二语言少儿中文大纲 YCT、海外华裔华文水平测试 HSC 等相关标准，提炼出适合少儿中文学习的等级标准。应尝试开发专门针对线上教学的少儿中文教学大纲。线上少儿中文教学大纲的编写除了遵循语言教学大纲的普遍规律外，还需考虑少儿的学习规律，在词汇、语法的顺序安排和语言能力等级标准设计上符合教学实际。对线上教学工具使用和学习者能力目标以及教学评估方式也要做出具体的规定。力求开发具备适龄性、系统性、科学性、针对性的实用型大纲，能够直接指导在线少儿中文教学的具体操作。

（二）开发适配少儿群体需求的教学资源

结合主流的少儿国际中文教学大纲和少儿中文水平测试标准，利用好国内高校的学术成果、中小学语文的教学经验、孔子学院和孔子课堂的教学成

果；接纳海内外民间教学机构的一线经验；同时鼓励学习者与教师自主开发学习资源并利用互联网扩大传播。利用前沿信息技术开发更多更专门的智能化数字教材、人机互动学习软件、微课、慕课等教学资源。开发基于远程互动教学模式的专门化、系统化数字教材及教学平台。网络教学资源发展到一定阶段，建设针对少儿中文学习的网络教学资源库。不断整合与规范已有的网络少儿中文阅读资源。针对儿童学习规律，继续开发系统化的优质分级阅读资源，设计符合区域化、分众化要求的阅读内容。少儿在线学习资源建设需考虑如何提升少儿的学习积极性，如词汇记忆和句型操练的模式要游戏化；话语文本内容要符合少儿心理认知，尽量趣味化、故事化并去说教化；线上汉字教学不能像线下那样手把手指导，因此应提供方便屏幕书写的汉字练习与纠错人机互动教学资源等。

（三）深入研究有针对性的在线课堂教学技巧

异步网络教学的基础是优质的网络教学资源，同步教学除了利用好网络教学资源，更重要的是提升远程教学的课堂教学质量。网络远程课堂教学技巧的研究要面向课前、课中、课后三个环节。以 Speaking Duck 平台为例，课前环节学生收到预习资料包，内含的与新话题相关的动画片或儿歌视频能激发学生的学习兴趣，生词和句型电子卡片能帮助学生预习。课中环节教师采用平台根据 YCT 大纲开发的包含音视频和互动游戏的多媒体课件进行互动教学。课后环节学生进入平台网站完成人机互动作业并获得相应的虚拟积分与奖章；同时利用网站提供的分级阅读电子书、分级分话题在线测试题、分话题儿歌动画等资源进行复习和拓展练习。

目前对在线远程交互课堂教学技巧的研究和实践还需要进一步深入。课前环节针对预习需开发知识点导入自学视频、电子生词卡片、课文领读音视频等资源。课中环节涉及的研究十分丰富，从宏观性的教学法到细节性的微技巧都要进行更深入的探索。例如：远程教学如何互动式呈现词汇和句型；远程教学如何设计高效的师生互动、生生互动环节；面授课堂中的经典教学方法，如任务教学法、TPR 等如何改良运用到远程教学中；怎样规划与调节远程教学中学生的参与度、开口度与互动频率；汉字与写作课的学习效果如何及时反馈；面对儿童学习者常见的学习兴趣不浓、注意力不集中、情绪失控等情况时，如何将虚拟空间的缺陷降到最低并进行有效的课堂管理和情感策略干预；远程教学中网络设备故障怎样进行应急处理等。课后环节要着重研究教学评估与测试方法以及在线课后作业模式的设计与开发。

（四）强化建设专业型、复合型师资队伍

在线少儿国际中文教学师资建设除了满足传统中文教师的培养目标和技能要求，还应增加儿童语言习得、儿童心理学、儿童教育学、线上教学技巧、网络课堂管理、网络教学工具操作、信息技术和新媒体、多媒体课件制作、网络教学仪态仪表等理论学习与专门化技巧培训。高校汉语国际教育专业和孔子学院外派教师培训均可增加相关课程。增加面向海外本土教师培养的在线师资培训讲座和工作坊。国内高校汉语国际教育专业人才培养也可参考和吸收在线培训企业的一线实践经验，并开展本科与专硕的校企合作网络实习项目，将产学研有机结合，培养出满足实际需求、具备充分实践能力的专业师资人才。

（五）强化在线少儿国际中文教育政策的制度供给

习近平总书记强调：讲好中国故事，传播好中国声音，展示真实、立体、全面的中国，是加强我国国际传播能力建设的重要任务。讲故事要讲别人听得懂、喜欢听的故事。① 在线少儿国际中文教育既符合当前国家的大政方针，又具有天然的传播优势，需要各级各类相关部门给予政策支持以发挥其最大作用。

语合中心及孔子学院总部可在各类中文国际推广项目上提供更多机会，如开发针对少儿教学和网络教学的中文教师专业技术证书考试及培训，加大官方性质的在线少儿中文项目力度，在志愿者和外派教师培训中开展针对少儿中文教学技能和网络教育技术的培训等。全国哲学社会科学工作办公室、中国教育部社会科学司、国家语言文字工作委员会等可在科研项目的制定方向上加大对智慧教育、少儿中文教育、儿童语言习得等领域的倾斜力度，鼓励更多科研人员参与以尽快改善该领域学术理论积累不足的现状。此外，出版机构应在在线少儿国际中文教学资源的开发与出版上提供支持。工商部门应对"出海"在线少儿中文培训企业进行必要的监管与指导，确保语言培训产业良性规范发展。网络安全部门需对各类教学平台和电子资源网站进行相

---

① 求是网：习近平 2021 年 5 月 31 日在十九届中央政治局第三十次集体学习时的讲话. https://baijiahao.baidu.com/s?id=1701503064027555902&wfr=spider&for=pc. 2021-6-30。

应的信息技术安全监管。

六、结语

在线少儿国际中文教育适逢中文全球推广事业的转型期，结合了当前国际中文教育网络化和低龄化两大趋势，具有很大的语言推广、文化传播以及商业经济价值。在线少儿国际中文教育经历了疫情前的稳步积累阶段、疫情暴发后的快速增长阶段，正在迎来线上线下融合的新时代。在线少儿国际中文教育要实现系统化良性发展，需要对上至顶层设计下到一线教学进行全面的探索，将学术研究与行业实践相结合，在推广语言文化的同时兼顾语言经济价值更大化。对该领域的现状梳理、特征分析及对策研究都是国际中文教育领域既充实学科建设又指导教学实践的重要课题。

参考文献：

崔永华. 试说汉语国际教育的新局面、新课题［J］. 国际汉语教学研究，2020（4）：3－8.

国家语言文字工作委员会. 中国语言文字事业发展报告［M］. 北京：商务印书馆，2020.

李宝贵，庄瑶瑶. 汉语纳入海外各国国民教育体系之方略探索［J］. 现代传播，2020（1）：84－88.

李宇明. 海外汉语学习者低龄化的思考［J］. 世界汉语教学，2018（3）：291－301.

李宇明. 语言也是"硬实力"［J］. 华中师范大学学报（人文社会科学版），2011（9）：68－72.

李宇明. 世界汉语与汉语世界［J］. 中山大学学报（社会科学版），2021（3）：65－76.

李宇明，白乐桑，李泉，等. "新冠疫情下的汉语国际教育：挑战与对策"大家谈（上）［J］. 语言教学与研究，2020（4）：1－11.

陆俭明等. "新冠疫情对国际中文教育影响形势研判会"观点汇辑［J］. 世界汉语教学，2020（4）：435－450.

邵滨，富聪. 世界少儿汉语教学研究：回顾与展望［J］. 汉语学习，2020（5）：67－77.

王小明. 新时期华文教育研究［M］. 湖南：长沙，中南大学出版社，2019（3）：248－252.

魏海平. 基于"互联网＋"的在线少儿汉语教学现状研究［G］//刘荣. 国际汉语文化研究［M］. 成都：四川大学出版社，2019.

文秋芳，杨佳. 从新冠疫情下的语言国际教育比较看国际中文在线教育的战略价值

[J]. 语言教学与研究, 2020 (6): 1-8.

吴应辉, 刘丹丹. 美国中小学汉语沉浸式教学面临的问题与解决方案 [J]. 民族教育研究, 2020 (6): 113-118.

张会, 陈晨. "互联网+"背景下的汉语国际教育与文化传播 [J]. 语言文字应用, 2019 (2): 30-38.

郑艳群. 汉语教育技术研究的新进展与新认识 [J]. 国际汉语教学研究, 2020 (4): 60-67.

郑艳群. 新时期信息技术背景下汉语国际教育新思路 [J]. 国际汉语教学研究, 2015 (2): 26-33.

作者简介：

魏海平，西南民族大学中国语言文学学院讲师，研究方向为技术赋能语言教育、国际中文教育以及汉语国际传播。

On the Compilation of Workplace Chinese Textbooks under the Paradigm of Systematic Working Process

Zhan Xia　Liu Jing

Chengdu Polytechnic

Abstract: The development of Chinese language teaching worldwide has brought the demand for teaching materials for Workplace Chinese. However, there are few applicable textbooks. The shortage of the compiling concept of Workplace Chinese teaching materials is one of the main reasons. According to the characteristics of teaching Workplace Chinese and the Paradigm of Systematic Working Process, combined with the rules of Second Language Acquisition, logical order of relative discipline knowledge, and feasibility of classroom implementation, this paper proposes the compiling concept and constructs the basic writing framework of Workplace Chinese textbooks.

Keywords: The Paradigm of Systematic Working Process; Workplace Chinese; textbook compilation

工作过程系统化范式下的职场汉语教材编写研究

詹夏　刘静

成都职业技术学院

摘　要：随着国际汉语教学的发展，汉语学习群体对职场汉语的学习需求日益增加，而关于职场汉语教材编写理念和模式的研究不足。本文结合职场汉语教学的特点，从工作过程系统化范式出发，结合语言习得规律、学科逻辑和课堂实施可行性三方面构建职场汉语教材的编写理念，并提出职场汉语教材的基本编写框架。

关键词：工作过程系统化范式；职场汉语；教材编写

1　Introduction

In recent years, with the accelerated internationalization of the Chinese language, the classification of Chinese language teaching has become more refined, and teaching Chinese for special purposes has become increasingly popular. Teaching Workplace Chinese has become a popular project for developing professional competence. However, there are only a few appropriate teaching materials for Workplace Chinese, most of which are textbooks of general Workplace Chinese, and the textbooks of specialized Workplace Chinese are highly in demand. One of the main reasons for such condition is lacking the appropriate compiling concept of Workplace Chinese. Thus, this paper intends to discuss about it.

2　Definition and teaching characteristics of Workplace Chinese

Zeng (2018) has put forward the concept of Vocational Register. On this basis, Workplace Chinese is defined as communicative Chinese in a specific occupational register, meeting the needs of vocational actions and having a specific vocational feature, which is essentially a variant of general Chinese in professional fields, such as Hotel Chinese, Banking Chinese. By analyzing the difference between Workplace Chinese and specialized Chinese, Zeng (2018) pointed out that teaching Workplace Chinese does not require the same systematicness and completeness as teaching specialized Chinese. In China, specialized Chinese courses are mainly designed for preparatory undergraduates, while Workplace Chinese belongs to vocational education. Another researchers further clarify the learners of Workplace Chinese teaching and define Workplace Chinese as the Chinese used by those who use Chinese as a second language in working scenarios, mentioning that Workplace Chinese teaching possesses second-language, general, industry-specific, practical, and quick-effect characteristics (Zhang, 2021).

Workplace Chinese is also different from Vocational Chinese proposed for native speakers of Chinese. In the syllabus of Vocational Chinese Proficiency Test (ZHC), Vocational Chinese proficiency refers to Chinese communicative competence in the workplace, explicitly, using language to transmit information and complete specific working tasks. In contrast, Workplace Chinese, aimed at non-native speakers of Chinese, is essentially a second language.

According to the definition analysis, it can be clear that Workplace Chinese teaching is highly targeted and practical, and normally the teaching arrangement is short-term and intensive. Due to its vocational characteristics, Workplace Chinese teaching conveys language knowledge and the relevant knowledge in targeted professional fields, such as the primary working process to complete a particular task and the workplace culture in this field.

3　The Paradigm of Systematic Working Process and Workplace Chinese

The working process is a procedure for completing specific tasks and obtaining work results. Systematizing the working process builds the logical link between the discrete work steps and work tasks in a real-life working process through induction and generalization and highlights the typical characteristics of the main working steps. This processing method is named the systematic working process (Wu, Yan, 2017). In recent years, the Paradigm of Systematic Working Process, which regards learners' acquisition of knowledge and techniques as a dynamic process, has been applied to curriculum development and design in many vocational colleges and application-oriented universities. Such curriculum is guided by the behavior system, and the learning is to rehearsal the scenarios that may be encountered in the workplace. Fulfilling what is learned is what will be used to a greater extent. Its characteristics are consistent with the teaching purpose of Workplace Chinese as well. According to the research outcomes of the Paradigm of Systematic Working Process in curriculum development, some principles should be followed when compiling Workplace Chinese textbooks:

3.1 Following the teaching path of "procedural knowledge—strategic knowledge—declarative knowledge"

The traditional way of designing textbooks is mainly based on the teaching path of "declarative knowledge—procedural knowledge—strategic knowledge". Learners practice procedural knowledge according to memorizing and understanding declarative knowledge, during which repeated and multi-faceted practice make the production, the smallest representation of procedural knowledge, strengthened and expanded. When completing certain amount of practice, learners can step into the automatic stage and then summarize strategic knowledge based on personal learning experience accumulated from previous declarative and procedural knowledge learning, which eventually promotes learners' metacognitive ability.

Whereas, according to the Paradigm of Systematic Working Process, the reference path for compiling textbooks is "procedural knowledge—strategic knowledge—declarative knowledge". Following the working process is the feature of the paradigm, so the procedural knowledge figuring out "how to do the work" is presented firstly, through which strategic knowledge, including planning, inspection, and evaluation, can be generalized, followed by the declarative knowledge involved. In essence, the learning of declarative knowledge and procedural knowledge is not entirely separated under this paradigm. The working process is a dynamic system that combines the representation of declarative knowledge, the production of procedural knowledge, and self-monitoring awareness. The production of procedural knowledge is associated with the presentation of declarative knowledge. Systematizing the working process shortens learners' reaction time to the logical relations between representations and productions in a formatted way, improving the speed at which learners recognize the representations and respond.

The path of "procedural knowledge—strategic knowledge—declarative knowledge" prioritizes language use in the compilation of textbooks, with the drills of language chunks and sentence patterns preceding the explanation of rules. There are two kinds of strategic knowledge in Workplace Chinese: one is language-using strategies for smooth communication, such as replacing words, simplifying content, and paraphrasing; the other is overall planning strategies for completing workplace tasks, such as planning belonging to the mental mechanism discussed below.

3.2 Placing equal emphasis on the training of behavioral procedures and mental mechanisms

Based on the Paradigm of Systematic Working Process, the textbook compilation refers to the workflow and centers on the specific behavioral procedures of completing work tasks, which are directly embodied in the content of the textbook. Due to the intensive and short-term feature of teaching Workplace Chinese, the presentation of behavioral procedures in the working process is mainly formatted. In other words, the systematized and templated work procedures are formed to allow learners to grasp them quickly.

The formatted work procedure decomposes the working process by a frame structure. Such processing weakens the learners' ability to transfer the representations of knowledge and analyze the internal logic of productions, which will affect the learner's ability to transfer and reconstruct work procedures they learned to some extent. The transfer and reconstruction of the working process also involve the mental mechanisms. Therefore, it is suggested that the learner needs to master the behavioral procedures and establishes corresponding mental mechanisms to adapt to changes in the actual working process. Strategic knowledge stated above is part of the mental mechanism. Traditional textbooks consider little of learners' mental mechanism, either being absent or implicit presentation, resulting in a poor effect. When writing textbooks under the Paradigm of Systematic Working Process, emphasis should also be placed on cultivating the mental mechanisms of learners, and more explicit presentations should be given. Behavioral procedures and mental mechanisms are equally important.

Taking "the receptionist deals with room change" in Hotel Chinese as an example, the behavioral procedures can be classified into two types of templates: a) asking the reason — (apologizing and explaining) — agreeing to the guest's request; b) asking the reason—apologizing and explaining—agreeing to the guest's request or giving an alternative solution if the original request cannot be met. According to these behavioral procedures, the corresponding language templates can be summarized, and the mental mechanisms behind this task are analyzed through language and behaviors into understanding the situation—appeasing the guest—responding to the guest—offering a compensation plan (see Table 1). If the textbook is designed to guide learners to conclude the mental mechanisms behind language and behavior, it will help learners understand the pragmatic function of language chunks and promote the transfer of language chunks.

Table 1 The behavioral procedures in the task of dealing with room change

Behavioral procedures (mental mechanisms)	Language template Ⅰ	Language template Ⅱ
ask the reason (get a general understanding of the situation)	请问是什么原因呢？ (What is the reason?) 请问您哪里不满意呢？ (What are you dissatisfied with?)	请问是什么原因呢？ (What is the reason?) 请问您哪里不满意呢？ (What are you dissatisfied with?)
apology and explain (appease the guest)	不好意思，这是因为…… (I'm sorry, this is because...)	—

续表1

Behavioral procedures (mental mechanisms)	Language template Ⅰ	Language template Ⅱ
agree to the guest's request (give respond)	请您稍等，我马上帮您换房。(Please wait a moment. I will help you change the room right away.)	—
giving an alternative solution when the original request cannot be met (offer compensation plan)	—	实在抱歉，您看……，行不行？(I'm so sorry, how about...)

3.3 The typical working process and the universal working process are coupled with each other

According to the applicability, there are three types of the working process: actual, typical, and universal working process. The actual working process is a collection of authentic actions in the workplace, with strong operability, weak transferability, and strong situational dependence; the typical working process, which is between authenticity and universality, is generalized from representative and prominent working processes, possessing strong operability, moderate transferability, and moderate situational dependence; the universal working process is an abstract behavioral procedure concluded from various actual working processes, with low operability, weak transferability, and no situational dependence (Wu, Yan, 2017).

Among the three types of the working process, the transferability of the typical working process and universal working process is higher than that of the actual working process. The operability and situational dependence of the actual and typical working processes are higher than that of the universal working process. The compilation of textbooks needs to focus on generality and representativeness so that learners can draw inferences about other cases from one instance. Therefore, when compiling textbooks of Workplace Chinese, the knowledge content should be arranged based on the typical working process, while the mental mechanism should be considered based on the universal working process, through which mutual coupling between the typical working process and the universal working process can be achieved.

4 The compilation concept of Workplace Chinese textbooks

The textbooks of Workplace Chinese are second language teaching materials about the practical language use related to a specific professional field in the workplace, such as Hotel Chinese, High-speed Train Chinese, etc. The Paradigm of Systematic Working Process is widely applied to develop technical courses, but it is rarely used to compile language teaching materials. Accordingly, by integrating the characteristics of language teaching materials, taking the systematic working process as the main content, following the rules of Second Language Acquisition, and combining the logical order of knowledge in relative subjects and feasibility of classroom implementation, this paper constructs the concept of Workplace Chinese teaching materials based on the paradigm (see Figure 1).

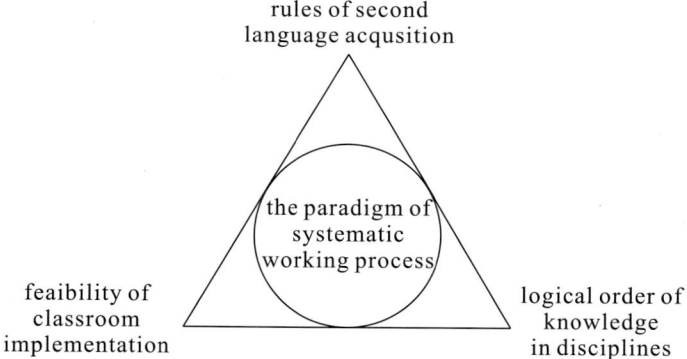

Figure 1 The compilation concept of Workplace Chinese textbooks

4.1 The rules of Second Language Acquisition

Workplace Chinese textbooks are Chinese language teaching materials designed for those who are not native speakers of Chinese and want to use

Chinese in the workplace. Therefore, Workplace Chinese textbooks not only contain language knowledge but also relate to vocational knowledge. The drilling of language and the practice of vocational skills are not entirely separated, and both are carried out simultaneously by the working process as the carrier. When the working process converts into a learning scenario, there will always be conflicts with Second Language Acquisition rules. It is necessary to optimize the learning scenario from the acquisition rules. For example, the language structures and professional vocabulary involved in the actual working process are complex and plenty. When transforming it into a learning scenario, the language acquisition principle of "less amount and more repetition" should be considered, and a work task should be broken up into several sub-tasks in which key vocabulary and sentence patterns are presented repeatedly. As selecting the typical working process as the teaching content, Compiling Workplace Chinese textbooks should choose frequently-used expressions and seriously adapt from authentic materials.

4.2 The logical order of discipline knowledge

The logic order of discipline knowledge here refers to the knowledge system of the specialized subjects involved in the Workplace Chinese textbooks. The textbooks written in light of the Paradigm of Systematic Working Process follow the behavior flow of the work tasks. In this way, the presenting sequence of work knowledge often does not match the logical order of subject knowledge. On account of the intensive feature of Workplace Chinese textbooks, it is difficult to arrange the language and subject knowledge in the textbooks systematically. In addition, Workplace Chinese textbooks, which are different from subject-based textbooks, are application-oriented and are relatively flexible in the arrangement of knowledge content.

4.3 The feasibility of classroom implementation

The classroom is the final destination of textbooks, and the applicability of textbook content needs to be tested there. An indispensable consideration of textbook compilation is the feasibility of classroom implementation, with which teachers, students, and objective teaching conditions should be considered, specifically, whether the style of the textbook is convenient for teachers to plan lessons; whether the instructional language is in line with learners' understanding level; whether the design of activities is operable with equipped classroom facilities, etc. The feasibility of classroom implementation is particularly reflected in the exercises and activities part of the textbook. The exercises and activities in a textbook are a critical indicators to evaluate whether a textbook is qualified or not.

To sum up, the compiling concept of Workplace Chinese takes the systematic working process as the core. It assists in converting the working process into a learning scenario from the rules of Second Language Acquisition, the logical order of discipline knowledge, and the feasibility of classroom implementation.

5　The compiling framework of Workplace Chinese textbooks

With the Paradigm of Systematic Working Process and the compiling concept of Workplace Chinese textbooks, this paper puts forward the basic framework for writing Workplace Chinese textbooks (see Figure 2).

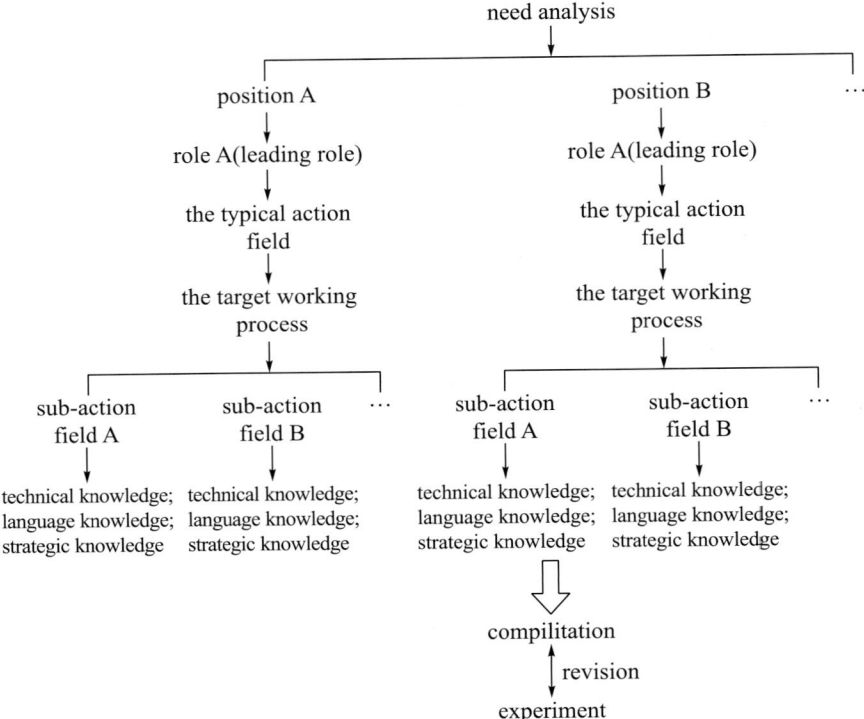

Figure 2 The basic framework for writing Workplace Chinese textbooks

5.1 The needs analysis for target groups

The significance of needs analysis in teaching is regarding the needs of learners as the essential teaching awareness which will guide specific curriculum design (Zhang, 2016). The need analysis originating from teaching English for special purposes is also applicable to the textbook compilation of Workplace Chinese. It includes target situation analysis and learning needs analysis, and the data are collected mainly through questionnaires, interviews, observation, and other methods. The target situation analysis can select the typical communicative events involving various factors such as communicative behaviors, subjects, relationships, and environments. When the typical communicative events are determined, combined with learners' background information, the characteristics of the

Chinese language used in the target situation can be analyzed (Zhang, 2016).

5.2 Identifying leading occupational roles and typical action fields

Based on need analysis, the related positions and different occupational roles of these positions in work are analyzed, after which the leading occupational roles can be selected. For example, the tour guide position includes three occupational roles according to different working objects and working contents: a service provider when facing tourists, a partner or guest when communicating with hotels or restaurants, and a subordinate when facing leaders. Among them, a service provider is the leading role of a tour guide. Another example is the project manager position in a construction party, which has three roles: a service provider when facing the employer, a leader when communicating with project team members, and an employer when facing subcontractors. The leading occupational role is a service provider and leader.

The working process is the skeleton of the Workplace Chinese textbook, and the action field occurring in the working process is the basis for designing the textbook content. When building compiling framework, the leading occupational roles of target positions and the corresponding typical communication events are analyzed to determine the typical action fields of occupational roles which is the typical working situation of each occupational role. Afterward, with the condition of one working task in one sub—action field, the typical action field with multiple work tasks is subdivided into several sub—action fields. The service providers, the tour guide and the project manager position's leading positions are elaborated here. A typical action field of this role includes sub-action fields such as airport pick-up, scenic spot explanation, dining arrangement, check-in arrangement, handling of unexpected events, and airport drop-off. The typical action field of the project manager as a service provider in the construction party includes sub-action fields such as project change, payment notice, reporting project progress, and handling unexpected events. The basic content framework of Workplace Chinese textbooks consists of these sub-action fields.

5.3 Converting to learning scenarios

The action fields only provide the guideline and material for the textbook. Converting the action fields to the learning scenarios is difficult. First, the typical working process is sorted out of the typical action field and is adjusted appropriately in the light of the characteristics of the universal working process to form the target working process that learners will acquire. Second, the three types of knowledge, technical knowledge, language knowledge, and strategic knowledge, are analyzed. Specifically, technical knowledge indicates the operational knowledge of a specialized field, language knowledge refers to the vocabulary and language forms required for communication in the working process, and strategic knowledge belongs to the mental mechanisms mentioned before.

Thereinto, language knowledge is the primary focus when compiling Workplace Chinese textbooks. It will be screened out by collecting corpus and extracting high-frequency expressions such as vocabulary and sentence patterns. Combined with the rules of Second Language Acquisition and the feasibility of curriculum implementation, the target working process, as a container, converts skill knowledge, language knowledge, and strategy knowledge what it carries into learning scenarios, such as conversations, passages, and exercises.

5.4 Collecting feedback from in-class experiments

In order to test the in-class use of textbooks, it is necessary to write sample chapters and use them in class. By examining the applicability and finding the deficiencies of the sample chapters, compilers can revise the sample chapters according to the feedback of teachers and students. After that, the compiling work starts.

6 Discussion

With the development of information technology in the teaching field, there is a trend toward digital and dynamic teaching materials. The perspective of multiple-modality should also be considered when compiling Workplace Chinese textbooks, taking full advantage of the existing technologies to create a set of resources. For example, on-cloud teaching materials with interactive functions can be developed, which helps to strengthen the timeliness of teaching content and the interaction between students and learning content.

References:

Occupational Skill Testing Authority of Molss, P. R. China. Syllabus of national vocational chinese proficiency test [M]. Beijing: Law Press, 2004.

WU Q Q, Yan Zhiyong. Connotation and characteristics of the Paradigm of Systematic Working Process in curriculum development [J]. Chinese vocational and technical education, 2017 (15): 57—64.

ZENG Y P. On the Teaching of Chinese in the Workplace [J]. Contemporary rhetoric, 2018 (1): 74—81.

ZHANG B. On the construction of chinese teaching mode in workplace from the perspective of textbook development [J]. International Chinese Language Education, 2021 (2): 38—44+12.

ZHANG L. Teaching Chinese for special purposes [M]. Beijing: Beijing Language and Culture University Press, 2016.

作者简介:

詹夏,成都职业技术学院助教,主要研究方向为二语习得、跨文化交际;

刘静,成都职业技术学院讲师,主要研究方向为语料库语言学、话语分析、外语教学。

混合弹性课程模式在国际中文教育中应用的可行性及实践策略研究①

李 韵　胡 晓

四川大学海外教育学院

摘　要：本文基于 40 个典型应用案例，对混合弹性课程模式的应用场景进行了总结，并根据师资、学习者与教学环境的特点分析了其应用的可行性，总结出在国际中文教育中推广混合弹性课程模式的四个策略，即创新国际中文教育教学方法、加强教学准备、增强学生参与、完善技术支持。

关键词：混合弹性课程模式；国际中文教育；可行性；策略

Feasibility and Practical Strategy of Hybrid-Flexible Course Model in the International Chinese Language Education

Li Yun　Hu Xiao

School of Overseas Education, Sichuan University

Abstract：This paper summarizes the application scenarios of HyFlex based on typical application examples. Based on the characteristics of the teachers, learners and teaching environment, this paper

---

① 本文为教育部中外语言交流合作中心 2022 年国际中文教育研究课题"美国中文在线教学质量影响因素及提升对策研究"（项目号：22YH34C）阶段性成果；四川大学中央高校基本业务费研究专项项目"沉浸式中文教育下儿童语用能力的发展"（2022 自研－海外 1）阶段性成果。

analyzes the feasibility of the application of HyFlex in the international Chinese language education and finally concludes the strategy of promoting HyFlex in the international Chinese language education including innervating teaching methods, strengthening the teaching preparation, enhancing students' participation, improving the technical support.

Keywords: HyFlex; feasibility; International Chinese Language Education; strategy

混合弹性课程模式（Hybrid-Flexible Course Model，简称 HyFlex）是一种基于同步通信工具，将面授课堂与线上教学进行整合的课程模式（Beatty，2007）。在这种模式中，教师在某一线下课堂组织教学，学习者可以选择到现场参与，也可以选择实时进行线上学习或在教学活动完成后的某一时间段内完成学习任务。

在全球新冠肺炎疫情的大背景下，来自不同国家或地区的中文学习者对学习环境的需求愈加多元。对此，混合弹性课程模式能提供创新性的解决方案。此外，在国际中文教育中推广混合弹性课程模式，还能更好地适应互联网时代的教育发展趋势，优化教育资源的使用，减轻师资建设的压力。

一、混合弹性课程模式的应用场景

本文从中国知网、SCI、ERIC 等中英文数据库以及教学实践网站的 52 篇相关文献中挑选出 40 个典型的混合弹性课程模式应用案例。挑选标准如下：（1）案例中的基本信息，如授课时间、科目、层次等较为完整；（2）案例对课程实施中的各个环节描述得比较具体。基于这些案例，本文对当前混合弹性课程模式在全球各类教学机构不同项目与课程中的应用情况进行了归纳与提炼。

（一）实践混合弹性课程模式的教学机构

混合弹性课程模式最早由美国的旧金山州立大学在 2006 年构建并投入教学实践。该项目负责人布莱恩·贝迪（Brian Beatty）博士是最早对这一模式进行研究的学者（穆肃，2013）。旧金山州立大学的一系列实践显示出混合弹性模式在教学与管理方面具有显著优势,因此全球各类教育机构开始在不同教育层次中对这一模式进行广泛使用。

在本文的 40 个案例中,有 35 个明确显示了教学机构背景(图 1)。如图 1 所示,实践最广泛的是高校(25 所),民办培训机构(3 个)与中小学(4 所)亦有所实践。

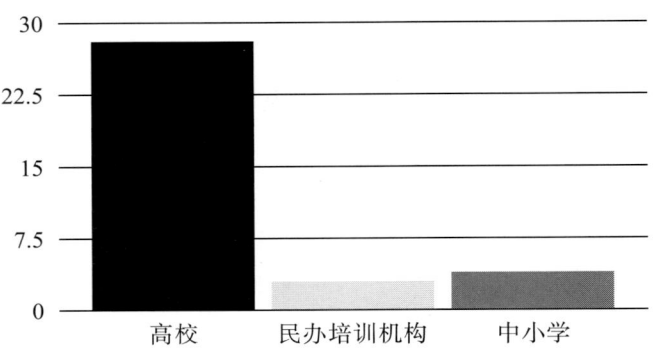

图 1　实践混合弹性课程模式的教学机构

高校拥有雄厚的教学实力与完备的教学设施,历来是教学改革的前沿。国内外高校是国际中文教育的最重要主体,也是中文教学模式创新最主要的探索者,应该在混合弹性课程的建设中发挥实践示范与研究智库的作用。

(二)采用混合弹性课程模式的教学项目

40 个案例均显示了具体的项目信息,可以看出混合弹性课程已经很好地融入了高校的常规课程(35 例),而各种不定时的长、短期培养项目(4 例)或单次科普讲座(1 例)也采用了这一模式(图 2)。

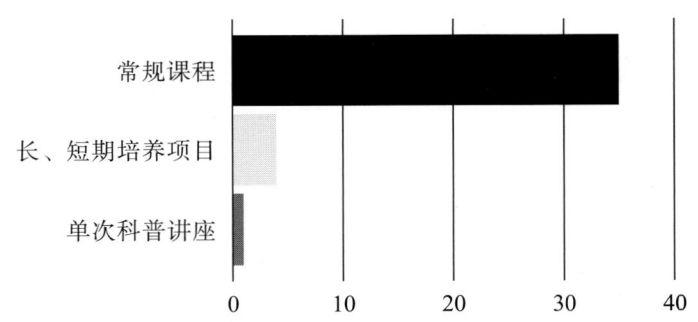

图 2　采用混合弹性课程模式的教学项目

混合弹性课程主要有两种组织形式：一是以研讨为主，重视交互性，类似于研讨会；二是以讲授为主，属于获取型教学范式。因此，其对各种教学项目具有广泛的适应性。国际中文教育拥有类型多样且不断增多的教学项目形式，例如短期访学、学历生培养、高层次人才交流、"中文+"等。汉语教师与研究者应基于国际中文教育的培养目标及具体项目的特点，在混合弹性课程已有模式之上进行富有针对性的教学设计。

（三）使用混合弹性课程模式的学科

32个案例显示了学科背景（图3），有教育（包括教师培训）（23例）、科学（2例）、数学（1例）、MBA（5例）、二语教学（1例）。

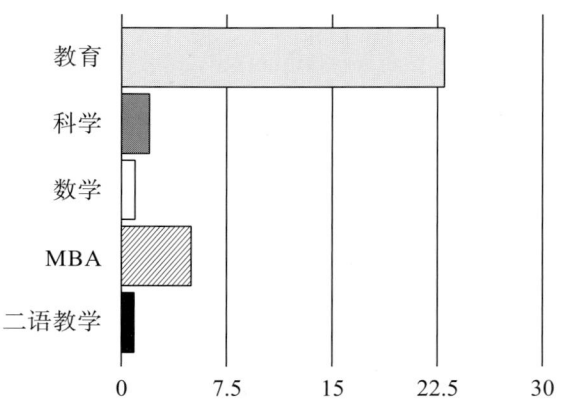

图3　使用混合弹性课程模式的学科

以上数据表明：（1）混合弹性教学适用于二语教学场景，但目前还只有英语作为第二语言教学的案例；（2）混合弹性模式在以研讨会为主要形式的课程，如MBA、教师培训中具有良好的适用性，这对国际中文教学的课程设计具有很好的启示作用；（3）混合弹性课程模式广泛应用于各类教师培训项目，这为国际中文教育"师资本土化"项目提供了良好的操作思路。

（四）应用混合弹性课程模式的教育层次

33个案例显示了教育层次背景（图4），混合弹性课程模式的应用已经覆盖了教育的各个层次，包括博士（4例）、硕士（15例）、本科（11例）、中小学（2例）以及学前教育（1例）阶段。

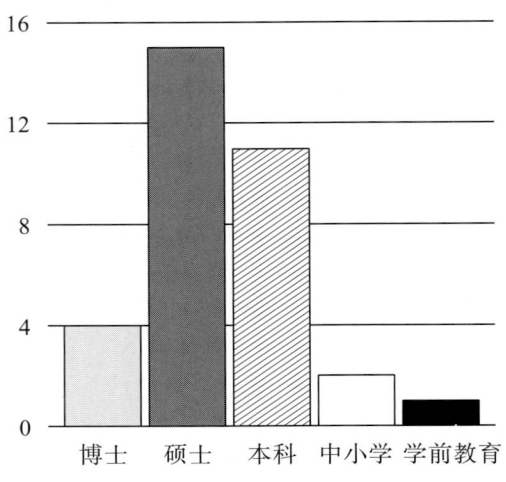

图 4　应用混合弹性课程模式的教育层次

由图 4 可知，从数量来看，高等教育阶段是混合弹性课程模式的主要应用场景，但近年来中小学阶段的应用案例明显增多，这与混合弹性课程模式实践的不断成熟密切相关。对于国际中文教育来说，中小学生在学习者中所占比例逐年上升。因此，探索混合弹性课程模式在中小学课堂的应用将成为国际中文教育研究的一大着眼点。

二、混合弹性课程模式在国际中文教育中的应用优势

（一）满足全球中文学习者的差异化需求

当前，由于各个国家新冠肺炎疫情的防控情况差异较大，原本在中国学习汉语的留学生现在却面临着不同的选择。有的留学生能够回到课堂，并且渴望得到面授，而有的却因为各种原因只能选择线上学习。因此，疫情期间广泛使用的单一线上课程模式已经难以满足高效教学的需求，而混合弹性课程模式的应用则能使学习者的需求得到更好的满足。已有研究从考试成绩、动机保持、参与满意感等方面评估了线下与线上学习者的学习效果，认为混合弹性课程模式能够充分保证学习者的有效学习。

学习者更灵活地参与正式学习，也更符合现代社会的实际情况。全球中文学习者的数量日益增多，背景愈加多元，他们中有些人可能因为家庭或者

工作原因不能参加传统的课堂学习。通过混合弹性课程，这部分学习者仍然能够参与实时或非实时的教学活动，从而获得与全日制学生一样的中文教育机会。而线下和线上学习者之间的合作与联系则可以创造更丰富的学习体验，甚至有助于学习者在世界各地建立新的中文学习联系。

除此之外，学习者在混合弹性课程中除了习得汉语，还会遇到并解决许多技术问题，从而为其今后在科技发达的社会开始职业生涯做好准备。

（二）提高国际中文教育机构的运营效率

受全球疫情影响，国内高校所招收的留学生数量在短期内出现下滑，而在海外，全球经济的衰退和全球化的收缩则可能导致多国用于支持当地中文教育和孔子学院建设的资金减少。一些教育机构的运营可能因此面临困难。通过混合弹性课程，各教育机构可以吸引更多的学习者入学，并以较少的场地与师资配备来满足较大的班级教学的需要，从而在疫情过渡期间实现教学的连续性。

混合虚拟课堂还可以更方便地联通全球中文教育资源。近年来，单一中文语言教学向"中文+"的转向是国际中文教育做出的积极尝试，其使中文教学更好地为当地经济社会发展提供服务。目前，泰国、马来西亚、坦桑尼亚、埃塞俄比亚等40多个国家的100多所孔子学院开设了"中文+"课程，涉及高铁、经贸、旅游、法律、海关、航空等数十个领域。通过混合虚拟课堂，这些孔子学院能够更方便地联通各领域的专业师资与教学资源，提供更多的专门课程。

（三）推动国际中文教育的教学改革

数字技术已经极大地改变了教育的面貌，国际中文教育必须顺应这一趋势，积极推动教法创新，以更好地运用技术实现教育目的。在混合弹性课程模式中，教师需要使用同步通信工具进行知识讲解与活动组织，同时兼顾线上线下学习者，保证教学效率。这些要求将为教师拓展传统教学方法提供动力，最终实现将数字技术有机整合到教学中。

作为一种全新的以学习者为中心的技术赋能教学模式，混合弹性教学模式的实践过程也为中文教师提供了学习有效利用信息技术开展教学工作的机会，从而更快地适应数字化教育的需要，实现教师的专业发展。

混合弹性课程的开展还意味着教师不必在不同教学点教授同一门课程，

这在一定程度上减轻了教师的工作量，使教师将更多的时间与精力投入教学准备环节。

（四）助力国际中文教育在线课程资源建设

在线课程建设是国际中文教育应对疫情挑战、适应数字化时代的重大举措。2022年3月，20多家致力于国际中文教育的中外机构联合发起成立了"中文联盟"，汇聚了来自71个国家的370家单位会员和810名个人会员的优质教育资源，倡导以合作共赢的原则，共建共享国际中文数字化云服务平台，为需求方提供集渠道、课程、技术、产品、服务于一体的一站式、个性化解决方案。

然而，如何在线上课程建设中保持传统课堂的优势、保证传统教学的效率一直是亟待解决的难点问题。在混合弹性课程中，教师在进行面授教学的同时会对整个教学过程进行视频记录，同时师生及学生之间在网上聊天室、社交软件等平台上的交互过程也会被记录，这些记录成为国际中文教育在线课程资源建设的重要依托。

三、混合弹性课程模式在国际中文教育中的应用可行性

（一）国际中文教育师资队伍的构成特点

国际中文教育拥有一支年轻化的师资队伍，特别是在海外进行汉语教学的志愿者教师多为刚走出校园不久的硕士研究生。这样的年龄结构使国际中文教育对新技术的接受更快，也更具热情。2020年大规模线上汉语教学的顺利开展也说明中文教师在技术赋能教育方面具有较高的实践素养与学习能力。这为混合弹性课程模式的建设与推广奠定了良好的人力资源基础。

国内高校是对外汉语教学与国际中文教育师资培养最重要的主体。我国高等教育的信息化改革已经推行多年，不管是教师还是学生，在课件制作、资源搜索、多媒体资源的获取与处理方面都具有较为扎实的基础，这一特征使教师在实施混合弹性课程模式时具备了技术基础。

（二）国际中文教育中学习者的学习特点

作为国际中文教育主要对象的青少年学习者在学习中文时具有非常明显的特点，例如更热衷使用移动终端进行学习，更青睐灵活的学习时间，更适应自主学习。这些特点使混合弹性课程模式的推广拥有广泛的受众基础。

经过几十年的发展，国际中文教育中的中高级水平学习者所占比例越来越高。近年来，"新汉学计划""中外合作培养博士""来华攻读博士学位"等项目为全球高层次青年人才提供了来华修学、交流的机会。这些学习者已经具有较好的汉语交际能力，能够有效实现课堂交流，参与的课程以研讨会的形式为多。这使混合弹性课程模式的应用具有了现实的需求基础。

（三）国际中文教育的教学环境

混合弹性课程模式的实施并不需要特殊的教学设备，一般的智慧教室即可满足教学要求。在国内，各大高校都拥有比较完备的智慧教学环境。新冠肺炎疫情暴发以前，通行的中文教学模式以多媒体集中授课为主，即教师将自己的讲授内容制作成多媒体课件，学生在教师的指引下通过观看课件内容进行学习。同时，混合式教学模式也被越来越多的教师接受，学生在课堂之外可以通过与教学内容配套的自主学习平台进一步巩固或深入学习。疫情暴发后，各高校推出了"停课不停学"的政策，持续进行大规模的线上教学实践。可见，从理论准备到实践经验，从教学设备到师资教法，目前国内高校的教学环境足以支持混合弹性课程的开展。

在海外，国际中文教育的教学环境比较多样。不过，随着全球信息化浪潮的不断推进，背靠中外高校的优质资源，大部分孔子学院也已经具备了实施混合弹性课程模式的软硬件条件。

四、混合弹性课程模式推广的挑战与应对策略

（一）创新教学方法

国际中文教育以高度的教学交互化为特点，因此在混合虚拟课堂上，支持交际活动的技术，如智慧教学平台、同步通信工具等会对教与学产生很大的影响。例如，线上学习者在遇到技术困难而没有得到及时支持的时候可能

产生压力，但如果教师花费大量时间来解决技术问题，现场学习者又会感到被忽视。因此，在教学方法的设计与选择上，教师必须准备更多备选方案，确保在课堂上网络连接出现问题时能继续教学。

在同步混合学习的过程中，线上学习比线下更加困难。线上学习者常常因为未能"身处"于班级之中而感觉被排斥在课堂之外。线上学习也更被动，就像在看电视而不是上课。这就意味着自述式教学或者获取型学习不再适合同步混合的教学情境，教师必须精心设计讨论、协作等交互活动，使线上学习者更积极地参与教学。

对教师来说，单独应对如此多的挑战显然困难重重。这就要求教学机构事先提供相关培训，使教师在实施课程之前能够掌握如何引导在线学习，以及如何评价在线学生的学习情况。除此之外，与国际中文教育相关的基金会、网络资源平台与学术团体也应积极开展顶层设计，开发相关的数字化资源，促成混合弹性课程教研共同体的形成。

（二）加强教学准备

混合教学环境不仅要求教法发生根本性转变，而且对教师与学习者的参与感受和过程也会产生巨大影响。教师需要同时注意线下线上两个课堂，还要在智慧教学平台上执行某些操作。另外，技术的不断更新很可能引起一些操作问题，如混乱、延迟或延缓学习过程等，为课堂管理带来更多不可控因素。一些教师的精神负担可能因此变得很重。对于学习者来说，在线上与线下环境中的体验是不同的。线上学习意味着教师控制的减少，因此学习者自身的自律、对技术的熟悉程度、对学习进度的规划、对课堂的参与热情等都会对教学过程产生极大的影响。

因此，当教学机构决定使用混合弹性课程模式时，应清晰地向教师传达混合环境的预期效果和潜在挑战，以便机构各部门之间、教师之间能形成协作。而教师在采用混合弹性课程模式之前，也需要向学习者传达明确的计划和期望，普及课程的参与要求等。

（三）促进学生参与

汉语教学的最大目标是培养学习者使用汉语进行交际的能力，而这一目标必须通过学生积极参与课堂交互来实现。在混合课堂，线下学生可能对摄像头和麦克风感到不适，而线上学生则更容易因虚拟空间产生交流的压力。

这些都会影响学习者参与课堂活动的兴趣。

因此，在同步混合教学中，中文教师应更加重视让问题贯穿整个教学过程，以问题引导每一位学习者加入讨论。另外，投票、测验等生动有趣的方式更能激发学生的兴趣，而虚拟聊天室、讨论论坛等媒介则能够让学习者更方便地相互合作、分享和获取知识。同时混合弹性课程模式还应与其他课程模式相融合，例如以翻转课堂的异步学习活动（如阅读材料或写作文章）为同步混合教学提前热身。

（四）完善技术支持

混合弹性课程模式不需要特别的技术支持与设备投入。在硬件方面，普通智慧教室就能够满足教学要求。在软件方面，常见的学习管理系统即可实现记录与传送课堂教学实况、使用文字在线聊天等功能，而网络视频会议系统则能够满足同步教学的大部分需要。特别值得注意的是，需要完善音频组件，较理想的状态是线上听课的学习者所获得的音频质量与现场学习者一致。因此，预先搭建音频组件并测试技术是否能在同步混合学习活动中有效使用具有重要价值。

此外，技术对师生在课堂上的表现也有很大影响。面对摄像头或者麦克风说话会影响线下师生的临场表现，而线上学习者可能遇到的困难则更多，也更容易疲劳。

因此，教学机构中的技术部门应该承担起更多的教辅责任，例如为教师配备一名技术指导或助理解决上课时线下和线上出现的技术问题。也有研究指出可以训练一名学生承担教辅的工作，这名学生提前带领同伴熟悉在线教学平台，以及解决混合学习中可能出现的典型问题。

参考文献

ALEXANDER，M M，LYNCH，J E，RABINOVICH T & KNUTEL P G. Snapshot of a hybrid learning environment［J］. *Quarterly review of distance education*，2014，15（1），9—21.

Beatty，B. J. 2007. Transitioning to an online world：using hyflex courses to bridge the gap［C］//Montgomerie C & J. *Proceedings of ED-MEDIA 2007-World Conference on Educational Multimedia，Hypermedia & Telecommunications*. Vancouver，Canada：Association for the Advancement of Computing in Education（AACE）.

穆肃. 传统大学需要创新变革：HyFlex 课程引领未来——访美国旧金山州立大学布莱恩·贝迪博士［J］. 开放教育研究，2013（1）：4－8.

作者简介：

李韵，四川大学海外教育学院副教授，主要研究方向为国际中文教育；

胡晓，四川大学海外教育学院讲师，主要研究方向为国际中文教育。

基于线上线下混合式翻转课堂的"对外汉语要素教学"课程建设现状及对策研究[①]

饶冬梅　胡晓帆　罗怡然

西华大学文学与新闻传播学院

摘　要："对外汉语要素教学"课程作为汉语国际教育本科专业必修课，其教学目标在于切实提高学生对外汉语各要素教学能力。鉴于该课程在专业培养方案中的重要性，本文基于四川某高校汉语国际教育专业线上线下混合式翻转课堂的建设情况，对该课程的教学现状进行了分析，从教师团队的建设、线上学习的监督及考核机制、实践课开展情况等方面分析了该课程教学的不足，并提出了相关对策及建议，以期进一步促进该课程的混合式翻转课堂建设。

关键词：线上线下混合式；翻转课堂；"对外汉语要素教学"

Research on the Current Situation and Countermeasures of the Construction of Elements of Teaching Chinese as a Foreign Language based on the Online and Offline Mixed Flipped Classroom

Rao Dongmei　Hu Xiaofan　Luo Yiran

School of Literature, Journalism & Communication, Xihua University

Abstract："The Elements of Teaching Chinese as a Foreign Language" is a

---

① 本文系西华大学 2020 年度校级"线上线下混合式"一流课程"对外汉语要素教学"建设阶段性成果。

compulsory course for undergraduates majoring in Teaching of Chinese as a Second Language, whose purpose is to enhance the teaching ability of students. In view of the importance of this course in the professional training plan, this paper analyzes the current situation of the implementation of this course based on the construction of an online and offline mixed mode of the flipped classroom for the major Teaching of Chinese as a Second Language in a university in Sichuan. This paper analyzes the shortcomings of this course from the aspects of the construction of the teacher team, the supervision and assessment mechanism of online learning, and the implementation of practical courses, and puts forward relevant countermeasures and suggestions, in order to further promote the construction of the mixed flipped classroom of this course.

Keywords: online and offline mixed mode; the flipped classroom; "The Elements of Teaching Chinese as a Foreign language"

教育部在《国家中长期教育改革和发展规划纲要（2010—2020年）》中指出：应提高教师应用信息技术水平，更新教学观念，改进教学方法，提高教学效果；鼓励学生利用信息手段主动学习、自主学习。而翻转课堂（The Flipped Classroom）以互联网优化教育资源的形式，通过转换教师与学生在课堂上的主次地位，使自主性教学取得更好的效果。笔者以四川某高校汉语国际教育本科专业"对外汉语要素教学"线上线下混合式翻转课堂实施情况为例，分析该课程翻转课堂的建设现状，并提出相应的对策和建议。

一、"对外汉语要素教学"课程教学现状

（一）多由一位教师独立授课，教师心有余而力不足

相比传统课堂，线上线下混合式翻转课堂的建设对教师的要求更高。教师需要投入大量精力进行教学设计和线上线下的翻转课堂建设。第一，课前准备方面，教师需要在线上发布课前预习任务，上传线上学习资源，对线上

学习资源进行管理，指导学生利用线上资源学习，指出需要注意的要点等。这些课前准备工作需要教师精心设计，以保证学生课前预习的效果，提高学生线上学习的效率。第二，教师需要加强对整个课堂的把控。一方面是认真备课，讲解相应的知识点，切实推行翻转课堂的建设。这就需要教师摒弃填鸭式的知识讲解，注重学生在教学过程中的主体地位。另一方面，在教学过程中，教师要设计更多师生互动和生生互动的环节，对课堂进行宏观把控，对小组讨论、学生问答、学生试讲等环节进行组织、串联和总结评价等，这些工作都对教师的课堂把控能力提出了更高的要求。第三，课后线上的复习和拓展需要教师投入更多的精力。针对课后的练习，教师要在课后及时布置复习任务，尤其是线上任务。比如课后对相关内容拓展任务的发布、对学生提问的及时回复、对学生讨论的及时参与、对学生学习感想的及时点评、对学生线上学习情况的整体把握和追踪等，这些工作都是对教师教学能力和精力的考验。如果线上线下翻转课堂仅仅依靠一位教师去建设，可能导致线上学习平台的建设难以按计划展开，教师评阅有所延迟，学生得不到及时反馈，学习积极性受到影响。

（二）线上自主学习部分缺乏有效监督

混合式翻转课堂建设中，学生的线上自主学习是重要的一环。但由于大部分学生习惯于传统的被动灌输的学习方式，线上自主学习对学生的自律性和学习积极性是一大考验。对"对外汉语要素教学"这门课而言，由于涉及对外汉语教学中多方面的要素，教师需要通过线上观摩示范课并模拟课堂进行实践，来帮助学生在较短时间内掌握对外汉语教学的相关技能。通常由教师优选线上教学资源，如将北京语言大学对外汉语教学示范课视频布置为线上学习任务，让学生自行观看并提交观摩总结或感想。然而，如果教师在发布任务时没有布置有关观看示范课视频的具体要求，对线上观摩缺乏有效的考核，就可能导致部分学生对线上自主学习产生懈怠心理，甚至不按要求观看示范课视频。此外，即使教师将观摩线上示范课作为硬性要求，但如果在发布线上资源时没有提醒学生观看教学视频过程中需要注意的要点和细节，学生在学习线上资源以及观摩示范课时可能会抓不住重点，看完示范课视频以后对内容印象不深，从而导致学习效果欠佳。

教师对学生线上观摩示范课的监督，有时也包括要求学生观摩示范课后录制讲课视频作为线上学习的作业。然而这种监督和考核方式存在可行性不强的问题。一方面,学生观看了示范课视频可能会形成思维定式,试讲也基本是模仿示范课而缺少创新。另一方面,学生录制视频,对拍摄质量、剪辑水平、教学过程都缺乏有效把控。此外,学生拍视频无法营造真实的教学环境,且学生在自学阶段不一定能掌握教学原则、教学要点等,拍摄出来的视频效果可能达不到教学要求。

(三)线上学习评价系统不够完善

对学生线上学习情况的考评是翻转课堂考评体系的一个重要组成部分,能很好地督促学生利用网络教学平台学习,并为教师提供学生网络学习效果的量化反馈。但目前教师对学生线上学习情况的考核评价,主要是基于学生写的观摩总结和感想。学生将自己的观摩所得进行概括和描述,有的学生写得非常简短只图"交差"。如果教师在布置写观摩总结和感想的任务时要求不具体,有的学生可能写成散文,没有中心观点。由于"对外汉语要素教学"要求学生对各个要素的教学都具备扎实的基本功,因此,对线上学习还应开展多种形式的考评,而不能仅基于观摩总结和感想以及教师的主观评价。

(四)实践课课时分配较少,学生缺乏实践机会

对外汉语各要素的教学实践在很大程度上有助于学生提升对外汉语教学能力。高质量的教学示范课应和学生的试讲操练紧密结合。如果学生仅仅是观看而没有实际操练,教学效果会大打折扣。目前该课程虽然对学生的实践课时进行了分配,但仅占总学时的三分之一(总学时48,其中理论学时32,实践学时16),分配到每名学生的试讲时间非常有限。实践学时太少不利于学生模拟课堂的展开,也无法保证对外汉语教学各个要素的内容在教学时都能安排学生实践环节,只能选取其中部分要素安排学生进行试讲,且一节课45分钟的内容通常只能压缩到10分钟来讲,直接把讲课变成"说课"。此外,由于实践学时非常有限,教师也没有时间在课堂上进行较充分的点评。另一种实践课是分小组在课下自行组织试讲,每组选出一位代表在班级进行试讲。另外,模拟课堂的模拟真实度不高,无法营造真实的教学环境,对主讲学生的挑战不大,学生参与试讲的积极性也有待提高。在学生试讲环节,教师对课堂模拟教学的反馈与反思缺乏系统设计,通常是学生试讲完之后,教师就其中的不足进行评论并提出改进措施,而对学生的优点和进步缺少表扬和鼓励。

二、相关对策

（一）建设高水平教学团队

线上线下混合式翻转课堂建设目标的实现需要有高水平的教师团队支撑，这种教学模式不仅对教师理论知识的掌握情况有更高的要求，对教师如何引导学生、如何恰当地布置教学任务等也提出了更高的要求。对于多阶段、多人数的教学，仅仅一位教师明显不能满足需求。尤其对于"一流课程"而言，一般应该由2~3位教师加2~3名助教团队建设一门混合式翻转课堂，教师与助教分工协作。教师的主要工作是主讲线下理论课程，发布学生线上学习任务，及时对学生线上学习观摩总结和感想进行评价，对学生提出的问题及时进行解答。助教一般由汉语国际教育专业的研究生组成，其工作主要包括两个方面：一是参与教师线下课堂，与教师和学生一起，参与课堂讨论，与主讲教师形成一个主讲团队进行互动，甚至以语谈形式吸引学生注意并活跃课堂氛围；二是辅助教师团队管理线上学习平台，如预习、复习内容的及时发布，线上知识能力测验的及时评阅，以及组织学生试讲、参与模拟课堂的点评等。

（二）建立模拟课堂，锻炼学生对外汉语教学能力

通过模拟对留学生的汉语教学课堂，由学生选用不同课题，模拟担任主讲教师，锻炼学生作为教师的口语表达能力并加深对教学方法的理解和对外汉语教学技巧。教师则可以通过面对面点评和线上点评，指出学生在模拟教学中的可取之处与仍需改进之处。

1. 指导教师要承担模拟教学的"总指挥""听课学生""点评导师"三重角色

在模拟课堂正式开始之前，指导教师在进行理论知识教学时就应指导学生紧密结合对外汉语相关要素内容，进行模拟课堂的备课，并要求学生在备课时积极融入相关教学理念或方法，并在教学设计中有所体现；同时应从语言表达、板书设计、教学内容、教学方法及组织教学等方面对学生进行指导，以保证模拟课堂顺利进行。教师团队可以分组指导，对教材、课文、内容进行限定，将语音教学、词汇教学、语法教学、课文教学、汉字教学等任

务分配给不同小组，通过这种指定性内容使学生在模拟课堂上的教学训练能紧密结合其前期学习的理论与教学技巧，涉及比较全面的要素，以获得相对全面的教学经验。在学生做出教案以后，指导教师与学生讨论并修改教案。

指导教师还要在模拟课堂中担任"听课学生"的角色，尽量避免所有"学生"都是"优等生"的情形，创造真实课堂中可能出现的典型化场景。例如在进行对外汉语语音教学时，指导教师可以对不同国别学生在学习汉语语音时容易出现的一些偏误进行模仿，以此来考察试讲学生解决问题的能力，有条件的话还可以让校内留学生参与课堂。

在模拟教学之后的模拟课堂探讨阶段，指导教师要变身为点评导师。在指导教师正式评价之前，应先让试讲学生进行自我评价和自我总结，然后请小组组员进行点评和学员互评。通过这种方式，引导学生和小组成员对模拟课堂的情况进行观察和思考，并学会自我总结。指导教师在学生自我评价和小组评价的基础上，进行引导性讨论，增强学生对模拟课堂教学效果以及提高教学能力技能的深入理解。最后，指导教师可以对模拟课堂的总体情况进行总结，对学生的试讲表现进行评价，一方面要说出学生讲课的亮点和进步，同时指出存在的不足。指导教师还可以就模拟课堂的整体授课及讨论情况，请学生写总结或心得体会，在线下教学时指导教师可以挑选一些新颖独特的观点来拓展学生思路，对写得好的学生进行表扬，以激发学生的积极性。

2. 在模拟课堂中，听课学生也需要承担多个角色

首先，听课学生应扮演留学生角色。根据试讲人所设定的教学对象，听课学生应尽可能参照真实课堂中学生因年龄、汉语水平、学习目标等的不同而表现出不同的汉语能力，并参照常见的课堂行为来定位自己的课堂表现。其次，听课学生需要扮演客观评论员的角色。听课学生要仔细观摩主讲学生整个授课环节，并适当做好笔记，以便课后进行教学实效探讨。听课学生要观察试讲学生的教学目的设置是否恰当、教学过程是否合理、教学目标是否现实等问题，对这些问题的考察实际上也是对听课学生的一大考验，对其教学能力也是一种锻炼。最后，听课学生还需要充当评论员角色，对试讲学生的讲课情况进行点评，指出试讲学生的优点亮点，并提出需要改进的地方。听课学生评价时，教师需要适当介入，以保证课程评价在正向、积极、恰当的氛围中进行。

此外，教师在模拟课堂的建设中还应该安排学生进行课堂录制。将每一个小组、每一位学生的模拟课堂都拍摄记录下来。一方面，学生可以反复观

看，结合教师和同学的评价进行思考；另一方面，可以将优质的模拟课堂作为示范视频，让其他同学学习。

（三）多样化考核方式并举

目前一些高校期末总评成绩中平时成绩占20%或30%，线上学习的考核一般纳入平时成绩，对线上学习的考核所占比重较低。但从整体教学安排来看，线上学习却是很重要的组成部分。因此，我们建议提高线上学习考核比例，将平时成绩占比提高至50%。与此同时，考核方式应多样化，对学生的综合能力进行考察。一方面，可以将线上学习任务的完成度、学生的总结感想、学生自评、组内互评、教师评价以及学生在线上各环节的参与度作为平时成绩的打分依据；另一方面，可以将线下的实践环节的成绩作为评分依据。应采取教师评价、学生自评、组内互评的混合形式，且组内互评应采取匿名形式。

（四）进一步加强网络交流平台的互动

1. 加强教师与学生、学生与学生之间的线上交流互动

教师与学生、学生与学生之间应进一步加强在线上学习平台上的互动，合理运用与开发线上学习平台的多种功能。例如，智慧树教学平台有专门的翻转课堂，可以通过小组协作的方式让学生分组完成课后练习以及上传分小组试讲视频或图片、课件等资料，教师可以直接进行批改并写评语。另外，在智慧树教学平台上可以进行互动提问和解答，学生通过问题发布提出问题，班级成员可参与问题的讨论与解答，教师也可以加入讨论。

2. 加强学生对网络教学资源的使用

通过网络教学平台，教师将所挑选的对外汉语示范课视频作为学生线上学习的任务，但仅仅几个视频是不够的。学生要观看大量的教学示范课视频并进行模仿，才能积累经验，逐渐提升教学技能。因此，教师可以向学生推荐一些优质的课外学习资源；学生可以通过慕课、哔哩哔哩、爱奇艺等软件搜索示范课视频进行学习。在线上资源的学习和观看方面，教师还可以将观看示范课视频的具体要求编成问卷或试题的形式。如观看语音示范课视频前，教师应提示学生注意示范课中教学辅助用具的使用情况。在示范课视频中，教师给每一名学生都发了一个小镜子，以便学生发音时观察自己的口

型。根据这个情况，教师则可以通过"示范课中，教师用什么样的方式辅助语音教学？（客观题）"或"谈谈你对教师采用镜子作为辅助教学工具的看法？（主观题）"等问题检测学生的学习情况，并引导学生回顾课堂，将注意力集中在教学重点上。针对部分学生不按要求观看示范课视频的问题，教师可以采取一些措施，比如借鉴超星学习通的打卡模式，完成一个学习任务以后才能解锁后面的学习内容，又如及时在后台监测学生学习情况，适时提醒学生线上学习进度。

参考文献：

国家中长期教育改革和发展规划纲要工作小组办公室. 国家中长期教育改革和发展规划纲要（2010—2020年）[Z]. 2010-07-29.

刘晶晶. 对外汉语语音教学研究综述 [J]. 教学研究，2016（7）：3-4.

罗燕玲. 华文模拟教学中课堂角色的三重转换 [J]. 华文教学与研究，2014（1）：6.

罗兰京子. UG 模式下的对外汉语语法教学 [J]. 鸡西大学学报，2010，10（5）：17-19.

李泉. 对外汉语语法教学研究综观 [J]. 语言文字应用，2007（11）：69-76.

李绍林. 对外汉语教学中语言要素和言语技能的关系 [J]. 汉语学习，2011（2）：73-80.

黎芯，田兴斌. 多元智能理论视域下的对外汉语语言要素教学 [J]. 汉字文化，2020（12）：74-75，10.

王静. 基于翻转课堂的对外汉语口语课教学设计 [D]. 安阳：安阳师范学院，2017.

吴波. 浅谈对外汉语初级阶段综合课语言要素教学 [J]. 教育教学论坛，2015（7）：138-139.

颜泽钰，吴晓霞. 从语言要素教学角度谈对外汉语文化教学 [J]. 邢台学院学报，2019，34（3）：171-173.

张君. 简论对外汉语教学现状的要素 [J]. 中国科教创新导刊，2008，35：112-113.

作者简介：

饶冬梅，女，西华大学文学与新闻传播学院副教授，硕士研究生导师，耶鲁大学语言学系访问学者；

胡晓帆，女，西华大学文学与新闻传播学院讲师；

罗怡然，女，西华大学文学与新闻传播学院 2019 级汉语国际教育专业学生。

越南学生初级汉语课堂互动观察研究

丁 香[1]　单韵鸣[2]

1 华南理工大学新闻与传播学院；2 华南理工大学国际教育学院

摘　要：本文借鉴民族志研究方法，观察越南学生在初级汉语课堂上的师生及生生之间的言语互动行为，总结出越南学生具有的特点，以及越南学生在初级汉语课堂上的跨文化沟通特征，从中越两国语言文化渊源、学生学习态度和自我族群意识等方面分析其原因，最后提出教学建议。

关键词：越南学生；课堂观察；互动；跨文化沟通

An Observational Study on the Interaction of Vietnamese Students in Elementary Chinese Class

Dinh Thi Lan Huong[1]　*Shan Yunming*[2]

1　School of Journalism and Communication, South China University of Technology;
2　School of International Education, South China University of Technology

Abstract: This paper explores interactive features of Vietnamese students in the elementary Chinese class via the ethnographic observation method. The results show that compared with other foreign students, Vietnamese students have certain features. This paper summarizes the intercultural communication features of Vietnamese students in the elementary Chinese classroom, and analyzes the linguistic and cultural origins of China and Vietnam, Vietnamese students' learning attitudes and ethnic self-awareness, thereby suggesting suitable teaching methods.

Keywords: Vietnamese students; classroom observation; interaction; intercultural communication

一、引言

当今中国在世界上的影响力越来越大，推广汉语学习是扩大中国全球影响力的手段之一。越南是来华留学生的重要生源国，汇聚多国学生的多元文化课堂是越南学生来华学习汉语的主要场所。本文研究越南学生参与多元文化课堂互动的相关问题，分析他们的跨文化沟通特点，进而提出教学建议，以更好地促进教学。

互动指人与人、群体与群体之间通过语言或非语言等信息的传递发生互相影响、互相作用的过程（郑杭生，2019）。笔者认为，课堂互动指在课堂教学情境中教师与学生、学生与学生借用语言、非语言或其他辅助材料互相影响与作用的过程。近年来国内外有关课堂互动的研究主要围绕互动类型（Ashley et al.，1969；吴康宁、程晓樵、吴永军等，1997）、互动的观测与模式（Pianta，1994；李素枝，2007）、师生互动与教师话语（Pica，1987；马欣华，1988）、生生互动与学生参与（Swain & Lapkin，1998；董明，2004）、影响课堂互动的因素（Fassinger，1995；佐斌，2002）等内容进行。总体而言，国外学者对课堂基于各个视角的研究都比国内开启得更早，且更有深度、更具有实践应用性。我国已有课堂研究主要从教师的角度出发，但进入课堂的实证研究不足（郭培凤，2016）。对外汉语课堂互动研究仍处于起步阶段，还有很多可挖掘的视点。这方面的研究将会提高学界对留学生汉语学习过程的重视程度，给教学带来实证依据和积极影响。

对越南学生汉语学习的研究，因中越互为邻国、越南汉语学习者众多而受到大量学者的关注。大多数研究集中探讨越南学生在语言要素或语言技能学习方面的特点，也有学者考察他们的汉语学习动机（丁氏黄兰、单韵鸣，2016）。关于越南学生汉语课堂互动的研究很少，笔者在知网仅搜索到武氏蔷薇（2012）、黎秋红（2011）、阮春海燕（2011）等关于越南学生汉语课堂的口语习得情况、课堂小组合作应用等方面的研究，这些研究都只涉及学生课堂互动的一部分内容。

笔者依据民族志研究方法展开课堂观察，采集语料数据，结合定量和定性分析，探讨越南学生在目的语国家多元文化课堂上的互动特点、跨文化沟通倾向，并深入挖掘这些特点与文化因素的关系，以期从跨文化沟通的视角丰富对外汉语教学研究。

二、研究设计

（一）理论基础

认知理论与社会文化理论是两个在课堂研究中被广泛借鉴的理论学派（梁文霞、朱立霞，2007）。认知理论学派的研究聚焦个体学习者，以克拉申（Krashen，1981）的输入假说、斯万（Swain，1985）的输出假说和朗（Long，1983）的互动假说为理论基础，"输入—互动—输出"的互动模式是二语习得的主要途径，互动是其中一个不可忽视的环节：在双向互动中，双方既可以通过意义协商调整语言，提高对语言输入的理解，也能调整自己的语言输出和口语表达，避免发生理解障碍，保证互动沟通顺畅。在二语习得的过程中，互动很明显能加快语言习得进程。社会文化学派以维果茨基（Vygotsky，1978）提出的"最近发展区"为基础概念。"最近发展区"最初指儿童实际发展水平与可能发展水平之间的差距。在成人或能力较强同伴的帮助下，儿童实际水平可以发展到可能发展水平，这种帮助被称为"支架"（scaffolding）。后来学者们将这个概念延伸到课堂互动，即学生的学习认知发展需要教师与同学的帮助。该理论也是本文分析的重要理论依据，教师与同胞的"支架"帮助促使越南学生参与有效的课堂互动，学习语言文化知识，增强汉语学习能力。

（二）研究方法和研究过程

已有的课堂观察研究范式主要可分为三种：经验—总结范式、技术—分析范式、体验—理解范式。然而，经验—总结范式缺乏科学的观察技术和记录方法，而技术—分析范式则过于操作化，仅凭借感官浅表的观察和模式化的工具测量，缺乏人文关怀（陈梦琪，2019）。相较之下，体验—理解范式更注重定性研究，主要使用民族志、现象学、诠释学等人文社科研究方法。研究者自身作为研究工具，遵循"离我远去"、无预设观察结果的原则，置身于真实的课堂情境，参与观察和收集数据以描述和解释行为的常规模式，使研究发现最能反映实际的课堂全貌,并揭示课堂现象背后所蕴含的原因、意义。因此,本研究采用体验—理解范式,以民族志为方法论基础,直接进入课堂观察,记录师生在课堂互动中的言语行为、神情及态度,不仅注重对课堂互动现象的质性分析,还包含对所收集语料的量化分析,以追求研究的全面性和综合性。另外,研究团队的成员之一是一名越南留学生,其能在研究过程中从越南人的视角出发去理解课堂中越南学生言语行为背后所隐含的意义、价值、观念与动机等,让研究结论具有较强的可信性。

本研究的分析数据来源于广东省一高校汉语国际教育学院2017—2018学年第一学期一门初级汉语综合课的课堂。该班级一共有28名留学生,其中有8名为非华裔越南学生。笔者在5个星期内共观察了50节初级汉语综合课,从中选取最典型的8节课(共360分钟)的录音转写成文本(共计31511字)。这8节课班上学生的出勤率都很高,接近8成。课上互动的内容围绕教学目标展开,包括听写、讲授生词、语法、课文、课本练习、口语练习等各个互动环节,而没有涉及学生签证办理、体检、住校手续咨询、期中期末考试介绍等语言教学之外的内容。在这样的课堂中,笔者能更全面细致地进行观察,还能降低因学生人数过少而导致数据采集的差异性,更可靠地分析越南学生的课堂互动特点。

8名越南学生来中国学习汉语时都处于零起点或学习初始阶段,其中有4名学生来中国之前在越南民办培训机构学过汉语拼音。这8名越南学生的具体信息如表1所示:

表1 8名越南学生信息表

学生	性别	所在越南地区	年龄	汉语水平	文化程度
S1	男	南方	46	零起点	未知
S2	男	北方	25	知道汉语拼音	未知
S3	男	南方	25	知道汉语拼音	未知
S4	女	北方	24	知道汉语拼音	本科
S5	男	北方	24	零起点	本科
S6	女	北方	18	零起点	高中
S7	女	南方	22	零起点	本科
S8	女	北方	23	知道汉语拼音	本科

综上，笔者结合定量与定性研究方法来统计与分析这 8 节课的语料数据，得出研究结论。考虑到本文的研究焦点，笔者重点统计分析与越南学生课堂互动有关的言语语料，主要研究内容包括以下四个方面：越南学生与教师的课堂互动，包括回应教师的提问、回应教师的纠错、主动提问、主动发言等；越南学生之间以及他们与其他国家学生之间的各种互动；从互动看越南学生在课堂上的跨文化沟通倾向；动因分析及教学建议。

三、研究结果

（一）越南学生与教师的课堂互动

本节关注初级汉语课堂上越南学生与教师课堂互动的言语行为，将主要分析学生回应教师的提问、学生回应教师的纠错、学生主动提问、主动发言这几种互动的表现。

1. 越南学生回应教师的提问

教师提问引导学生理解、掌握语言文化知识占大部分师生互动时间。笔者从 8 节课的语料中统计了学生回应教师提问的数量，又对回应内容进行了分类，如表 2 所示。

表 2 学生回应教师提问的数量与内容分类

顺序	内容	教师提问 问题量（个）	越南学生回应 问题量（个）	越南学生回应 次数①（次）	其他国家学生回应 问题量（个）	其他国家学生回应 次数（次）
1	语音	2	2（100%）②	5（250%）③	2（100%）	2（100%）
2	词语理解	71	58（82%）	134（231%）	62（87%）	92（148%）
3	词语运用	48	42（88%）	103（245%）	39（81%）	90（231%）
4	汉字	15	12（80%）	24（200%）	6（40%）	7（117%）
5	课文理解	50	49（98%）	96（196%）	37（74%）	56（151%）
6	生活文化	40	38（95%）	96（253%）	31（78%）	50（161%）
7	复习与练习	25	24（96%）	44（183%）	24（96%）	43（179%）
	总计	251	225（90%）	502（223%）	201（80%）	340（169%）

从表 2 可以看出，越南学生和其他国家学生回应教师提问的数量比例都很高，其中越南学生对教师提问涉及生活文化、课文理解、汉字、词语运用和词语理解这五个方面内容的回应较有优势。比如例（1），当教师讲"旅行"这个生词时，教师问学生想去中国哪个地方旅行，越南学生陆续回答中国有名的旅游城市以表示对中国地理文化的了解：

---

① 次数：指学生针对教师提出的每一个问题有多少次回应，可能是一个学生回应一次、几次或几个学生同时回应几次，所以学生回应次数可能高于问题量。

② 学生回应教师提问问题量比例计算方法：$\frac{学生回应提问问题量}{教师提问问题量} \times 100\%$。

③ 学生回应教师提问次数比例计算方法：$\frac{学生回应提问次数}{学生回应提问问题量} \times 100\%$。

例（1）①

T②：在中国，你们想去哪儿旅行？

S2：北京。

T：去北京旅行，还有呢？

S2：上海。

T：去上海。

S3：天津。

T：天津，你们在中国想去哪儿旅行？

S1：南京，南京很漂亮。

T：南京。

S1：云南。

T：云南，S1知道很多地方。

S1：云南很多山。

课文理解方面，越南学生对课文内容的理解和掌握程度较高。比如例（2）中，学生朗读课文后，老师提问课文的主要内容，越南学生及时回应：

例（2）

T：田芳想不想去邮局买东西？

S3：想。

T：田芳想买什么？

S3：一张邮票和青年报。

S7：买邮票和一份青年报。

T：田芳想买邮票和一份青年报，他有没有时间？

S4：没有。

T：他没有时间，玛丽要来找他，那怎么办？

S4：他说他给田芳拿钱。

S3：田芳替买。

汉字方面，教师提问涉及汉字的笔画、笔顺与部件等内容时大多数情况

---

① 本文所列例子均来自笔者选取 8 节初级汉语综合课的录音转写文本（共计 31511 字），为行文简便，恕不一一标明出处。

② 本文中"T"指代教师；"S+某数字"指代越南学生。

下只有越南学生积极参与回应，回应量与次数远多于其他国家学生。在词语理解和运用方面，如目标词语有语义相近的汉越词与之对应，越南学生理解相当快，能较为准确地运用。但如果越语中没有对应词语，越南学生理解和运用则较为困难，如例（3）中，越语没有"取快递"和"拿快递"的说法，学生回应较慢，选择用越南语的表达方式"快递来了"来回答：

例（3）

T：我们说包裹，如果快递员打电话给你，去天桥下面？

S3：天桥。

T：去天桥下面怎么样？

S3：快递来了。

T：对，你的快递到了，去拿快递，去天桥下面拿快递。可以说"拿"，还有别的吗？

S①：取。

T：对，还可以说"取"，取钱的取，取快递。

学生回应教师提问的语言形式最多的是短语，其次是词语和完整句子，这符合初级水平学生的特点。但越南学生使用完整句子回应的比例（22%）高于其他国家学生（16%），这表明初级水平的越南学生构造基本句子的能力略高于其他国家学生。对教师提出的 251 个问题，越南学生作为第一回应人②的比例（69%）高于其他国家学生（31%）。

2. 越南学生回应教师的纠错

尽管初级水平越南学生学习汉语比其他国家学生显得更有优势，但他们也会出现许多语言偏误，教师针对这些偏误采用不同的策略纠错。笔者统计了学生回应教师纠错的数量、次数、比例，根据内容分类统计纠错效果，如表 3 和表 4 所示：

---

① 本文中"S"指代某个其他国家学生。

② 第一回应人就是第一个回应教师提问的学生。

表 3 学生回应教师纠错的数量、次数、分类与内容分类

错误类型	教师针对越南学生纠错反馈		越南学生回应		教师针对其他国家学生纠错反馈		其他国家学生回应	
	纠错量（个）	纠错次数①（次）	回应错误量（个）	回应次数②（次）	纠错量（个）	纠错次数（次）	回应错误量（个）	回应次数（次）
语音	3	6	3	9	1	1	1	1
词语理解	7	14	7	14	5	8	3	3
词语运用	14	19	13	18	6	11	6	8
语法	4	5	3	4	2	8	2	7
汉字	1	3	1	3	1	3	0	0
总计	29	47	27（93％）③	48（102％）④	15	31	12（80％）	19（61％）

表 4 越南学生回应教师纠错的效果

错误类型	教师纠错反馈次数	越南学生回应纠错后修正⑤		越南学生回应纠错后有待修正⑥	
		次数	比例⑦	次数	比例
语音	6	6	100％	0	0％
词语理解	14	7	50％	7	50％
词语运用	19	10	53％	9	47％
语法	5	1	20％	4	80％
汉字	3	2	67％	1	33％
总计	47	26	55％	21	45％

---

① 纠错次数：同一个错误内容教师可能要多次纠错才能帮助学生修正，所以教师纠错次数可能高于纠错量。

② 回应次数：教师每一次纠错反馈可能收到几次学生回应，学生回应次数比例可能高于教师纠错反馈次数。

③ 学生回应教师纠错反馈错误比例计算方法：$\frac{\text{学生回应错误量}}{\text{教师纠错量}} \times 100\%$。

④ 学生回应教师纠错反馈次数比例：$\frac{\text{学生回应次数}}{\text{教师纠错次数}} \times 100\%$。

⑤ "修正"指学生对错误加以调整和更正。

⑥ 有待修正：指学生对教师纠错反馈没有做出回应或者回应语言中仍然出现错误，没有达到修正的效果。

⑦ 此表中所有比例的计算方法均为：$\frac{\text{学生回应纠错后（修正/有待修正）的次数}}{\text{教师纠错反馈次数}} \times 100\%$。

从表3可以看出,越南学生回应教师纠错的数量和次数均高于其他国家学生,这说明越南学生更积极地参与回应教师纠错反馈过程。越南学生通过教师纠错反馈修正了约55%的错误,其中语音、汉字错误类型的修正率比较高,语法错误的修正率最低。

3. 越南学生主动提问

学生在课堂师生互动中的提问至关重要,不但能提升互动效果和活跃气氛,还能提高学生的汉语理解和运用能力(荣继华,2009)。笔者按内容分类统计了越南学生和其他国家学生的主动提问量,包括问题数量、提问(包括追问)次数,如表5所示:

表5 学生主动提问量与内容分类

提问内容	越南学生		其他国家学生	
	提问量①（个）	提问次数②（次）	提问量（个）	提问次数（次）
词语理解	2	2	5	5
词语运用	4	6	4	4
近义词之间的区别	5	5	0	0
中国生活和文化	8	14	3	4
其他问题	1	1	2	2
总计	20	28	14	15

从表5可知,越南学生的问题总量和提问总次数都高于其他国家学生。其中越南学生最关注的是中国生活和文化方面的内容。学生主动向教师提问的过程可概括为三个环节:学生提问—教师反馈—学生追问。通过提问(包括追问),越南学生获得更多新知识,如例(4)越南学生向教师提问以检验某个汉语词语与相对应的越语词是否有相同用法:

例(4)

T:替我借一本汉英词典"好吗"/"怎么样"/"行吗",都可以。

---

① 提问量:指学生针对不同疑问内容主动向教师提问,每一个疑问内容相对应一个提问。
② 提问次数:指学生向教师提问的每一个疑问内容提出多少次提问和追问,同一个疑问内容学生可能多次追问,所以提问次数高于提问量。

S3：可以说"顺便"吗？（提问）

T：你想要朋友帮你，但不知道他同不同意，你可以说"方便吗？"方便是一个形容词，"你帮我借一本书，方便吗？"顺便是副词，不能说"顺便吗？"

S3：可以说"顺利"吗？（追问，检验词语用法）

T：比如我去办签证很顺利，做一件事情很顺利。

S3：工作很顺利。（确认用法后自己说出一个句子）

学生也会通过提问和追问，对以前听说过但仍未知其真实性的中国生活文化知识实施检验，甚至还会表现出对中国文化的认同与欣赏。如例（5）中教师讲授"参观"这个词语的运用时顺带介绍了长城，越南学生主动提问和追问向教师确认长城是否真的有一万公里，得到老师的肯定反馈后，越南学生 S1 和 S3 的回应均表现出对长城的欣赏：

例（5）

T：参观北京的长城。

S1：Vạn Lý Trường Thành dài lắm, đi qua rất nhiều tỉnh.（长城很长，经过很多省份。）

S4：长城。

S2：万里长城。

S6：北京有。

T：北京有万里长城。

S1：10000 km dài nhỉ.（一万公里好长）

S3：一万是吗，老师？（提问）

S2：长城有一万公里吗？（追问）

T：这个长城有一万公里。

S1：很长很长。（表示欣赏）

T：大概一万公里，所以我们叫万里长城。

S3：dài nhỉ, trong phim làm từ đời nhà Tần.（很长，电影里说秦朝建的。）（表示欣赏）

4. 越南学生主动发言

学生主动发言指学生主动输出语言表达自己的观点和想法。笔者根据内容分类统计了越南学生和其他国家学生在课堂上主动发言的数量、次数及百分比，如表6所示：

表6 学生主动发言数量、次数、百分比与内容分类

发言内容	越南学生			其他国家学生		
	发言量①（个）	发言次数②（次）	比例③	发言量（个）	发言次数（次）	比例
关于汉语某个语言项目用法的疑问	4	4	100%	4	4	100%
汉语词语和本国词语的对应	6	8	133%	0	0	0%
关于中国生活和文化	8	16	200%	2	4	200%
分享自己族群文化	5	18	360%	0	0	0%
其他	3	4	133%	0	0	0%
总计	26	50	192%	6	8	133%

从表6可以看出，越南学生的主动发言量和发言次数远高于其他国家学生。越南学生发言量最多的是关于中国生活和文化方面的内容，而发言次数最多的则是分享自己族群的文化。越南学生会主动发言表现自己对中国文化的了解，比如例（6）中越南学生展现自己来中国学习生活一段时间后，对中国地理以及所在城市地名有一定了解。越南学生在认同与欣赏中国文化的同时，也会争取机会分享自己族群的文化特色。当教师讲到某个内容涉及越南文化或越南已取得的成就时，越南学生会主动发言介绍。如例（6）中越南学生介绍了一个由越南人研发，在越南广泛使用的聊天APP"Zalo"，发言中的"我也用Zalo"和"越南用这个，越南说Zalo，中国没有"表现了其自豪感。

例（6）
T：在广州羽绒服很薄，如果在北方或在哈萨克斯坦羽绒服很厚。
S1：北方中国很冷。（发言表示了解中国地理）
T：在广州我们穿很薄的羽绒服，很薄。

---

① 发言量：指教师讲授过程中，学生针对不同内容主动输出语言表达自己的想法和观点。
② 发言次数：指同一个观点或想法，学生可能多次发言补充或添加内容。
③ 此表中所有比例的计算方法均为：$\frac{发言次数}{发言量} \times 100\%$。

S4：<u>白马市场很多</u>。（发言表示了解广州商贸市场）
（7）T：中国不可以用 Facebook，中国用微信。
S1：Zalo。
S4：<u>我也用 Zalo</u>。
T：他用微信付钱，我不用微信付钱。
S1：<u>越南用这个，越南说 Zalo，中国没有</u>。（面带自豪的神情）

综上所述，在初级汉语课堂上，比起其他国家学生，越南学生在回应教师的提问、纠错以及主动提问和发言等方面都更为积极，课堂语言输出更多。

（二）越南学生之间及其与其他国家学生之间的课堂互动

越南学生之间的互动主要包含直接互动、互相协助与教师互动两种方式。直接互动指参与互动的主体只包括越南学生，互动形式包括私下讨论和正面讨论。私下讨论指两个或多个越南学生之间私下用越语讨论教师授课中难以理解的内容，正面讨论则是越南学生在教师规定的课堂讨论时间内完成学习任务的练习。

在私下讨论中，对于比较复杂难懂的内容，越南学生会用越语询问坐在旁边的越南同胞，共同讨论，然后获得正确的语言认知。如例（7）中 3 名越南学生讨论"参加"的词语搭配问题：

例（7）
S6：Đây là tham gia gì đấy?（这是参加什么的？）
S2：<u>参加运动</u> Tham gia thể thao。（参加运动。）
S3：thể thao chứ, tham gia thể thao.（应该是体操，参加体操。）
S2：là thể thao, nhưng nói là nói tham gia vận động.［越语是体操，但（汉语）要说参加运动。］

当教师布置了课堂讨论任务，越南学生之间就会展开正面讨论。比如例（8）中，S3 帮助同伴 S7 修正理解和语言表达形式：

例（8）
S7：我要去图书馆借书，但是我没有时间。
S3：không phải, đây là cô giáo gợi ý, là ví dụ để đưa vào, nói phần dưới này,（不是，那是老师给我们的题目，要按照下面启示说）你去哪

儿/做什么/借什么。(同胞帮助纠正)

S7：<u>你去哪儿?</u>(修正)

S3：我去图书馆借汉英词典，你去吗?

S7：我不去。

S3：<u>đọc tiếp.</u>(继续) 我没有时间。(同胞引导)

S7：我不去，我没有时间，我很忙，你去，你帮我借书行吗?

S3：<u>không mình đang học chữ 替, giúp thay thế?</u>（我们在练习"替"这个词的用法，你替我借书好吗?）(同胞引导)

S7：你替我借书好吗?

S3：你借什么书?

S7：我要借"小小"。

S3：anh nhớ 杂志 là tạp chí, tiểu là nhỏ rồi.（我记得杂志，小什么。）(同胞引导)

S7：em nhớ có xiao gì đó mà, đúng rồi.小说。（记得有小什么，对，是小说。）

S3：小说小说，还要别的吗?

S7：不用，要一小说。

S3：好的。

越南学生互相协助与教师互动是学生互动中的另一种形式，目的是更好地与教师沟通，提升学习效果。这时同胞之间用越语或汉语互相帮助。比如例（9）中四名越南学生同时参与师生互动，S8、S1和S2共同帮助S4修正提问：

例（9）

T：拉萨在路上也很漂亮，有山有湖。

S4：<u>有贵吗老师?</u>(主动提问)

S8：<u>这个去有贵吗?</u>(互相协助纠正提问1次)

S1：<u>有费吗?</u>(互相协助纠正提问2次)

S2：<u>去贵不贵?</u>(互相协助纠正提问3次)

S4：<u>这个去贵吗?</u>(提问得以修正)

T：走路很便宜。

笔者根据越南学生与教师互动的四个类型的数据，统计出越南学生互相协助或单独与教师互动的比例，如表 7 所示：

表 7 越南学生互相协助或单独与教师互动的数据比较

师生互动类型	次数	互相协助与教师互动		某个越南学生单独与教师互动	
		次数	比例①	次数	比例
回应教师提问	225	137	61%	88	39%
回应教师纠错	27	15	56%	12	44%
主动提问	20	9	45%	11	55%
主动发言	26	9	35%	17	65%
总计	298	170	57%	128	43%

从表 7 可以看出，越南学生互相协助与教师互动的总计比例高于单独参与师生互动的总计比例，这一现象在回应教师提问和纠错时最为突出。笔者归纳出越南学生之间的互动模式（图 1）。越南学生在课堂上寻求同胞的帮助，反过来也愿意给予同胞帮助而没有明显的分歧和竞争感，与教师、与同胞之间产生的"支架"效应明显，这是初级水平越南学生课堂互动的典型特征。

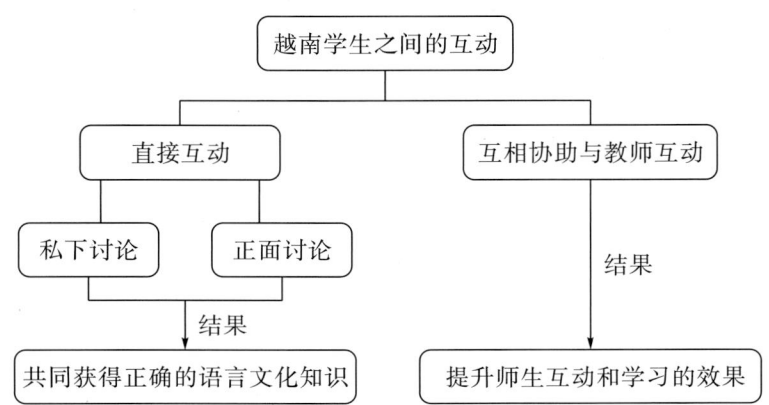

图 1 越南学生之间的互动模式

越南学生与其他国家学生互动方面，由于越南学生在课堂问答互动或分

---

① 此表中所有比例的计算方法均为：$\dfrac{\text{学生参与（互相协助与教师互动/单独与教师互动）次数}}{\text{师生互动总次数}} \times 100\%$。

组讨论中都倾向于与越南同胞交流,课间极少主动跟其他国家学生交流,笔者在 8 节课的语料中没有收集到直接互动的数据,仅收集到极少数互相协助与教师互动的例子。出现这种课堂互动的原因可能是教师也加入了课堂互动,调动了越南学生与其他国家学生互动的积极性。如例(10)中,教师提问某个未认真听课的其他国家学生 S 时,越南学生 S3 主动给予启示,帮助 S 回答教师提问:

  例(10)
  T:她去上海旅行还是当翻译,S 来回答?
  S:珍妮去上海旅行还是当翻译。
  S3:回答,珍妮去上海当翻译。
  S:当翻译。

总体而言,在生生互动方面,越南学生依赖并倾向于跟本国同胞互动,而极少与其他国家学生互动。这与李冬梅、李营(2013)研究越南学生在华跨文化适应得到的结论相近:越南学生习惯组成一个群体互相帮助,平时交流也局限在这个群体内而极少跟其他国家学生沟通。

(三)越南学生在初级汉语课堂上的跨文化沟通倾向

由上文可知,初级汉语水平的越南学生在课堂上呈现出一定的互动特点,可主要概括为:在师生互动方面,越南学生比其他国家学生更踊跃地投入课堂互动;而在生生互动方面,越南学生则更倾向于与本国同胞互动,极少与其他国家学生互动。根据这些互动特点,笔者归纳出越南学生在初级汉语课堂上的跨文化沟通倾向。首先,越南学生对教师持有尊敬、开放的态度,更主动积极地回应教师提问、回应教师纠错、主动提问和发言等。其次,越南学生来到异国他乡学习,同胞之间自然而然地形成一个群体,在课堂上互相协助,通过互动共同获得对汉语的认知和理解。不难发现,越南学生会在课堂互动中与教师、同胞之间搭建"支架",构建"最近发展区",以获得更好的汉语学习效果。然而,对于其他国家的学生,越南学生则持有谨慎的态度,在课堂上会对其保持一定的距离。值得注意的是,在教师参与课堂互动的情况下,越南学生可能会尝试与其他国家学生互相协助,共同与教师互动。

四、越南学生课堂互动特点动因分析

（一）中越两国深厚的语言文化渊源

中越两国地理位置接近，有着亲密的历史关系。自汉朝起，中国与越南就一直保持着高度的联系，中国文化不断输入越南。在长达近两千年的交往中，越南社会的语言、文学、宗教、习俗、建筑、服饰等都受到汉文化的深刻影响。中国的儒家文化、道教文化、隋唐佛学、宋明理学、明清实学和近代新学都曾传入越南（欧阳康、杨玲，2007）。越南人民以开放包容的心态学习吸收这些中国文化，兼收并蓄，再发展为自身的民族文化。在此过程中，儒家文化逐渐在越南文化中取得支配地位，对越南民族性格的形成发挥了关键作用。道德本位、忠孝为上、和贵中庸等儒家根本的价值取向以及仁、义、礼、智、信等儒家文化的伦理道德规范，逐渐构成了越南民族的思维方式和基本准则，使越南民族性格融入了重义轻利、仁爱宽容、谦恭礼让、尊老爱幼、中庸和谐等要素（罗圣荣、安东程，2018）。中国与越南都是社会主义国家，拥有相同的社会制度；中国电视剧在越南的流行（赵薇，2013）以及中越两国频繁开展的合作交流，让越南人民更进一步了解当今的中国。在中越两国文化背景相似以及对当前中国有一定了解的前提下，越南学生能结合自身国家文化背景，理解课堂上教师讲述的内容。在语言方面，越语与汉语有不少相通之处：越语的基本语序表达（SVO/主动宾）与汉语相同，词汇中包含大量汉语借词（汉越词）。在初学汉语时，越南学生在汉语的理解和表达方面具有一定的优势。

总之，越南与中国的文化距离相近，越南学生在初级汉语课堂上对内容的理解和掌握比其他国家学生更有优势。当越南学生具备一定的汉语理解和表达能力基础时，便有能力和意愿在课堂互动中回应教师的提问及纠错，甚至主动提问、主动发言，更积极地参与课堂互动。

（二）越南学生大都持有端正、积极、开放的学习态度

受儒家文化思想中尊师重道、谦恭礼让等价值观的影响，越南学生对教师怀有崇敬的心态。教师不仅是知识的传授者，也是值得信赖和学习的前辈，在越南学生的心目中有重要的地位。因此越南学生在课堂上学习态度端

正，会积极回应教师提出的问题，以表示对教师的尊敬。越南人民对外来文化持有包容开放的态度，积极吸收不同文化的精髓，再改造和发扬为具有本民族文化特征的融合文化。越南文化在发展前期大量吸收了博大精深的中国文化，在"南进"过程中又吸收了细腻柔和、灵活多变的占婆文化、高棉文化，还在法国殖民入侵时期学习借鉴了不少西方文化，极大地丰富了越南文化的内容。在吸收外来文化的过程中，越南民族性格逐渐融入了包容性、开放性和实用性的成分（罗圣荣、安东程，2018）。越南学生在初级汉语课堂上的首要目的就是学习汉语，受到其民族性格的影响，越南学生能够包容开放地接受中国的文化，也会积极地学习知识，以开放好学的态度主动与教师互动。

另外，越南学生跟教师的互动是双向的，一方面越南学生对教师谦恭有礼，另一方面教师用和蔼的态度回应、纠错与解释等方式与学生互动，让越南学生在互动过程中没有压力，反而希望自己的表现得到理解与肯定，所以他们会更踊跃地与教师互动。根据认知理论中"输入—互动—输出"的互动模式和支架理论，师生间的互动有助于越南学生的汉语学习：在师生互动过程中，教师采取纠错反馈的策略作为"支架"，引导学生纠正错误，得到正确的理解与认知，通过分析、解释、反馈促发越南学生主动提问、发言；越南学生也会调整自己的表达方式以使互动沟通顺畅。

（三）越南学生的自我族群意识

民族和睦与团结精神是越南文化的标志（欧阳康、杨玲，2007）。通过对初级汉语课堂的观察，我们发现越南学生群体表现出较强的自我族群意识。比如越南学生往往在固定的位置上坐在一起，形成一个小群体，遇到困惑时互相协作促进学习。根据认知理论和支架理论，在生生互动中，越南学生之间用越语讨论未能掌握的内容，共同得到对汉语的认知和理解，汉语能力较强的同胞主动帮助其他同胞修正错误的理解和语言表达，给予"支架"帮助，能够提高越南学生参与课堂互动的积极性，增强语言文化知识与汉语学习能力。越南学生之间的互动中所表现出的团结互助、齐心协力，正是越南民族精神的体现。

同时，由于历史原因，越南人对外族人的戒备意识较强（罗圣荣、安东程，2018）。一方面，越南学生在课堂上积极回应教师关于不同国家文化特征的提问，乐于分享自己的族群文化，主动介绍自己的国家文化，体现出他们的民族独立意识和民族自豪感。另一方面，越南学生对其他国家学生持有较为谨慎的态度，在初学阶段与其他国家学生保持一定距离，鲜有互动。但随着汉语水平与跨文化沟通能力的提高，越南学生这方面的障碍可能会得到缓解。

五、结语

本研究从民族志的视角进入课堂观察，记录、统计和分析初级汉语综合课上越南学生的互动言语行为，发现越南学生参与师生互动比其他国家学生更加积极，但倾向于仅与越南同胞互动，而极少与其他国家学生互动。由此我们总结出初级汉语水平越南学生课堂上的跨文化沟通倾向：越南学生在课堂上团结和睦，互相协助汉语学习；对其他国家学生则表现出谨慎的态度。根据这些现象，本文从中越两国语言文化渊源、越南学生的学习态度以及自我族群意识三个方面进行了动因分析。

笔者根据本研究的发现，针对初级水平越南学生的汉语教学提出以下三点建议：第一，教师可在课堂上鼓励语言能力较强的越南学生继续充分发挥"支架"作用，帮助提高其他越南学生的语言能力；第二，引导越南学生与不同国家的学生协作学习，提高学生的跨文化沟通能力，扩展"支架"的作用；第三，教师在介绍中国文化的同时，可鼓励不同国家学生表达分享自己国家的文化，营造尊重多元文化的课堂气氛。

由于客观条件和笔者能力所限，本研究仍存在一些有待完善的地方，比如只统计分析了一个班的越南学生的课堂言语互动，数量有限；学生跨文化沟通能力可能随着来华时间的延长和汉语水平的提高有所发展，本文只研究了他们在初级阶段的表现。日后可对更多不同来华时间、不同汉语水平的越南学生进行研究，以便检验和完善本文的研究发现。

参考文献：
陈梦琪. 课堂观察的基本范式与中国化路径［J］. 当代教育科学，2019（12）：34－39.
丁氏黄兰，单韵鸣. 胡志明市大学生汉语学习动机调查研究——兼论对越南汉语推广的启示［J］. 海外华文教育，2016（5）：668－675.
董明. 大学英语课堂"生生互动"模式初探［J］. 外语与外语教学，2004（5）：30－33.
郭培凤. 我国课堂师生互动研究新进展分析［J］. 教育参考，2016（3）：89－95.

黎秋红. 小组合作学习法在汉语口语教学中的应用 [D]. 上海：华东师范大学，2011.

李冬梅，李萱. 越南留学生在华跨文化适应研究——广西师范大学个案透视 [J]. 广西师范大学学报（哲学社会科学版），2013，49（03）：161－166.

李素枝. 中外教师英语课堂互动模式对比研究 [J]. 解放军外国语学院学报，2007（2）：34－39.

梁文霞，朱立霞. 国外二语课堂实证研究 20 年述评 [J]. 外语界，2007（5）：58－67.

罗圣荣，安东程. 越南民族性格形成的历史文化因素 [J]. 世界民族，2018（3）：102－110.

马欣华. 课堂提问 [J]. 世界汉语教学，1988（1）：47－48.

欧阳康，杨玲. 越南民族精神映像 [J]. 华中科技大学学报（社会科学版），2007（4）：1－6.

荣继华. 初级对外汉语课堂提问策略探讨 [J]. 中国青年政治学院学报，2009，28（2）：129－134.

阮春海燕. 汉语口语课堂训练小组活动形式运用 [D]. 南宁：广西大学，2011.

吴康宁，程晓樵，吴永军，等. 课堂教学的社会学研究 [J]. 教育研究，1997（2）：64－71.

武氏蔷薇. 越南学生汉语课堂的口语习得情况考察与分析 [D]. 武汉：华中科技大学，2012.

赵薇. 认同与抵触的纠结——中国电视剧在越南热播的社会文化心理探析 [J]. 当代电视，2013（4）：15－16.

郑杭生. 社会学概论新修 [M]. 5 版. 北京：中国人民大学出版社，2019.

佐斌. 师生互动论：课堂师生互动的心理学研究 [M]. 武汉：华中师范大学出版社，2002.

ASHLEY B J, COHEN H, SLATTER R G. An introduction to the sociology of education [M]. London: Macmillan, 1969.

FASSINGER P A. Understanding classroom interaction [J]. Journal of Higher Education, 1995, 66 (1): 82－96.

KRASHEN S D. Second language acquisition and second language learning [M]. Oxford: Pergamon, 1981.

LONG M. Native speaker/non-native speaker conversation and the negotiation of comprehensible input [J]. Applied linguistics, 1983, 4 (2): 126－141.

LYSTER R, Ranta L. Corrective feedback and learner uptake: negotiation of form in communicative classrooms [J]. Studies in second language acquisition, 1997, 19 (1): 37－66.

PIANTA R C. Patterns of relationships between children and kindergarten teachers [J]. Journal of school psychology, 1994, 32 (1): 15－31.

PICA T. Second-language acquisition, social interaction, and the classroom [J]. Applied linguistics, 1987 (1): 3—21.

SWAIN M, LAPKIN S. Interaction and second language learning: two adolescent french immersion students working together [J]. Modern language journal, 1998, 82 (3): 320—337.

SWAIN M. Communicative competence: some roles of comprehensible input and comprehensible output in its development//Eds. GASS S. & MADDEN C. Input in second language acquisition [C]. Rowley, Mass.: Newbury House, 1985: 235—253.

VYGOTSKY L S. Mind in society: the development of higher psychological processes [M]. Cambridge, MA: Harvard university press, 1978.

作者简介：

丁香，越南人，原名 Dinh Thi Lan Huong，华南理工大学新闻传播学院 2019 届硕士研究生，主要研究方向为汉语国际教育与传播；

单韵鸣（通讯作者），华南理工大学国际教育学院教授，主要研究方向为国际中文教育、跨文化传播、汉语应用。

孔子学院海外网络传播质量评估指标体系构建研究[*]

张 杰

四川大学海外教育学院

摘 要：孔子学院品牌运营的转型、办学自主性的提升，对其转型后的教学效果、办学效益、文化交流等提出了更高的要求。本文认为，为进一步提高国际中文教育的影响力，提升孔子学院管理服务水平，需要适时开展孔子学院网络传播质量评估。构建评估体系要坚持科学性与专业性、整体性与特色性、系统性与操作性相结合的"三结合"原则，分别针对官方网站和社交媒体，构建包括传播渠道建设、传播内容、传播手段、传播效果四个一级指标和若干二三级指标在内的一整套科学、合理的评估体系。

关键词：孔子学院；网络传播质量；评估指标；评估体系

Research on the Construction of Evaluation Index System for the Quality of Overseas Network Communication of Confucius Institutes

Zhang Jie

School of Overseas Education, Sichuan University

Abstract：The transformation of Confucius Institutes' brand operation and

---

[*] 本文系国家社会科学基金一般项目"美国孔子学院跨文化传播的时、度、效研究"（18BXW095）阶段性成果；四川大学"一带一路"教育交流合作研究项目（2022GYDYL—08）阶段性成果。

the improvement of their autonomy in running schools have put forward higher requirements for their teaching effects, school-running benefits and cultural exchanges. In order to further enhance the influence of International Chinese Language Education and improve the management and service level of Confucius Institutes, it is necessary to timely carry out the evaluation of the quality of Confucius Institute network communication. The construction of the evaluation system should adhere to the principle of "Three Combinations" of scientificity and professionalism, integrity and characteristics, systematization and operability, and build a complete set of scientific and reasonable evaluation system including four first-class indicators of communication channel construction, communication content, communication means and communication effect, as well as several second and third-class indicators, respectively for official websites and social media.

Keywords: Confucius Institute; Quality of network communication; Evaluation index; Evaluation system

一、问题的提出与研究现状

随着世界多极化、经济全球化、社会信息化、文化多样化的深入发展，语言教育在促进人文交流、深化国际理解、团结合作共建人类命运共同体方面扮演着越来越重要的角色。孔子学院是新时代承担国际中文教育的主力军，对于加强中外人文交流、文明互鉴和民心相通具有积极的促进作用。2004年全球第一家孔子学院在韩国首尔揭牌，十几年来，我国已与全球162个国家和地区合作设立了540所孔子学院、1154个孔子课堂（柴如瑾，2020）。孔子学院的出现迎合了世界各国人民对汉语学习的需要，并进一步成为世界各国人民了解中国和中国传统文化的桥梁，成为中国与世界一起构建人类命运共同体的重要纽带。经过十几年的发展，孔子学院已成为全球最大、最多样化的国际语言教育共同体（安然、刘国力，2019）。作为中外合作运营的汉语国际传播骨干项目，孔子学院的发展状况从侧面反映出汉语走向世界的发展动态（郭晶、吴应辉，2018）。

为更好地适应国际中文教育事业的发展需求，2020年7月，教育部正式设立中外语言交流合作中心（简称语合中心），孔子学院品牌转由多家高校、企业等发起成立的民间公益组织——"中国国际中文教育基金会"全面负责运行，该基金会将会同孔子学院中外方合作伙伴，继续支持全球孔子学院发展（柴如瑾，2020）。这不但使得孔子学院的办学自主性大大提升，便于进一步整合高校、企业以及社会的多方资源，标志着以孔子学院为龙头的国际中文教育事业开启了崭新的一页，也意味着对转型后的孔子学院的教学效果、办学效益、文化交流等提出了更高的要求。按照中央《关于加强和改进中外人文交流工作的若干意见》及《关于推进孔子学院改革发展的指导意见》的要求，未来孔子学院将打造成集教育合作、文化交流、学术研究、职业培训等功能于一体的国际一流的中外人文交流基地（王辉，2019）。为了尽早实现这一目标，首先应该对孔子学院的现有情况进行评估，以便做好下一步调整和改进工作。

目前，对孔子学院的评估研究多集中在办学指导思想、管理机制、办学条件、教学情况、文化活动以及运营条件、可持续发展等方面（吴应辉，2011；樊钉，2012；吴才天子，2016），或聚焦于跨文化传播的影响力宏观评估（安然、何国华，2017a）。虽然已有学者注意到"无限扩大的受众群体使得互联网成为孔子学院跨文化传播影响力发挥作用的主要平台（安然、何国华，2017b）"，并将"孔子学院网站建设、媒介报道类型的多样性"（安然、何国华，2017b）等作为评估其影响力的重要指标之一，但针对孔子学院网络传播的专项评估研究还比较少。事实上，对孔子学院海外网络传播质量进行科学化、精细化的评估，既能反映中外合作院校在语言教学和文化传播等方面的能力与效果，也有助于增加孔子学院办学的透明度，减少因不了解引发的质疑。

伴随着互联网技术的迅猛发展，对于大多数不了解汉语学习、不清楚培训状况的外国人来说，通过孔子学院的网络传播获取相关信息，是最便捷、最直观的方式之一。由于全球学习中文人数在不断增长，孔子学院的数量和教学规模也在不断扩大，适时开展孔子学院网络传播质量评估，既可以检视孔子学院师资配备、课程设置、活动开展等是否合理，是否满足国外学生汉语学习的现实需求，也是对其相关工作人员服务质量和管理能力的合格性审查。这对扩大国际中文教育的影响力、完善孔子学院管理政策、提高孔子学院服务水平等都具有重要的作用。可以说，网络传播质量评估是孔子学院开展汉语教学和文化传播过程中必不可少的一个重要环节。因此，如何准确把握孔子学院海外网络传播的现实情况，建立科学合理的评估体系，促进国际中文教育教学与服务管理工作，成为当前亟须关注的问题之一。

二、指标体系的设计原则

本文以科学性与专业性相结合、整体性与特色性相结合、系统性与操作性相结合的"三结合"原则为基本原则，构建孔子学院海外网络传播质量评估指标体系。

第一，科学性与专业性相结合的原则，是指评估指标要素构成、体系设定、权重分布等，应该尊重孔子学院建设发展与信息网络化传播的客观规律，能够较为全面地反映孔子学院教学、管理以及与当地的文化交流等现实情况。同时，参考借鉴其他国家语言推广机构在网络传播方面的有益经验，构建孔子学院网络传播的质量评估体系。

第二，整体性与特色性相结合的原则，主要基于孔子学院既是一个语言教学与教育机构，也是一个综合性的文化交流平台这一事实。因此，孔子学院网络传播应充分利用各种中介渠道，包括官方网站的建设和各种社交媒体平台等。在官方网站建设方面，可以通过使用统一的孔子学院标识、设置固定的栏目板块等体现整体性；同时也可以积极利用Facebook、Twitter、Instagram等不同社交媒体的技术特性，展现孔子学院自身的特色。

第三，系统性与操作性相结合的原则，是指评估要将孔子学院网络传播视为一个系统性的整体工程而展开，指标体系涵盖范围尽可能广，容纳的层次尽可能多，相关指标之间具有清晰的逻辑关系，同时保证指标之间无重叠；操作性体现为遴选的指标应当简单、实用、可操作，相关的数据要容易收集，以量化为主，避免过多过硬的定性描述，防止出现过于空洞的指标。

三、研究设计

对孔子学院网络传播质量的评估，无论是指标的设定还是体系的构建，都是围绕提升国际中文教育成效这个中心，充分发挥信息服务的功能和作用,从而进一步提高教学管理的水平。必须明确的是,这种评估不是针对孔子学院办学状况进行评判,而是要通过信息的网络化传播促进语言教学和中外文化交流,不断改善办学条件,实现孔子学院的长期可持续性发展。它是以对孔子学院官方网站建设和社交媒体传播为主,从其栏目设计、内容提供、互动交流等方面进行的综合评价,是一个由多环节组成的动态过程。要确保孔子学院的网络传播真正取得实效,关键是要建立起一套科学、合理、完备的评估体系指标。

(一)研究方法

在研究方法上,本文采用德尔菲法(Delphi method)构建孔子学院海外网络传播质量的评价指标体系。德尔菲法又称专家意见法,是指在各自独立且匿名的情况下,就某一研究主题采用信函等形式咨询专家小组成员的意见,通过多次征询与反馈,使专家小组的意见趋于集中,从而对评价对象做出预测和评价的方法(马冬梅、李吉和,2019)。专家的选择是德尔菲法的关键步骤,专家要对研究领域具有深度的见解,不仅要具备扎实的专业知识,而且要拥有丰富的实战经验(吴军其、赵梦琦、周思慧等,2020)。这一方法具有一定的科学性、综合性和系统性,其结果也较为客观、公正,因此被广泛应用于各种评价指标体系的构建过程。

指标是测量孔子学院海外网络传播质量的一个重要量化手段,它从质的方面规定了评估的内容和标准,从量的方面确立了评估的尺度和权重,能够体现孔子学院海外网络传播的效果,检测传播状况,进而促使孔子学院不断提高信息传播质量和服务水平。本文构建孔子学院海外网络传播质量评估体系的具体步骤如下:首先,认真研读分析国内外文献资料,同时开展孔子学院网络传播现状的摸底调研——选择不同地域、不同国家、不同语言的部分孔子学院,对其官方网站建设和社交媒体传播状况有一些基本了解,进而确定评估指标的逻辑框架,形成初步的指标体系;其次,根据德尔菲法的原则,邀请相互独立且匿名的专家对指标体系进行多次评审,根据专家意见不断筛选、修改、完善;最后,在调研分析和综合专家意见的基础上确定权重,形成最终的指标体系。

(二)孔子学院海外网络传播质量评估体系构建与指标筛选

本文根据孔子学院官方网站建设和社交媒体传播现状,在对相关资料进行分析的基础上，参考借鉴评估体系的通用型结构，将孔子学院海外网络传播质量评估体系分为三个层次，它们按照从宏观到微观的逻辑顺序层层递进。具体而言，评估体系包括4个一级指标、9个二级指标以及若干三级指标。它基本涵盖了孔子学院网络传播的各个主要方面，通过对三级指标的考察与打分求和，可以得出该孔子学院网络传播质量的相应总分。需要说明的是，由于社交媒体的技术特性，在二级指标设定时将孔子学院官方网站的"内容公开"和"内容原创"指标进行了调整合并，统一为"信息传播"指标（详见表1和表2）。

表1　孔子学院官方网站海外传播质量评估指标

一级指标	二级指标	三级指标
传播渠道建设	主体建设	独立主页
		日常运转
		辨识度
	功能建设	栏目/菜单
传播内容	内容公开	中外方合作单位（院校）介绍
		中外方院长介绍
		师资队伍情况
	内容原创	课程设置
		课程情况介绍
		教学活动宣传
		文化交流活动宣传
		教学成果展示
	信息服务	咨询服务
		课表服务
		报名服务
传播手段	传播表达	传播语言（多语种）
	传播表现	活动新闻宣传
		成果展示
传播效果	传播密度	年更新频率
	传播关注度	其他媒体关注

表 2 孔子学院社交媒体海外传播质量评估指标

一级指标	二级指标	三级指标
传播渠道建设	主体建设	数量
		辨识度
	功能建设	栏目/菜单
传播内容	信息传播	教学安排介绍
		教学活动宣传
		文化交流活动宣传
		教学成果展示
		线上课程
		互动话题发起
	信息服务	咨询服务
		报名服务
		特色服务
传播手段	传播表达	传播语言（多语种）
	传播表现	多媒介手段
传播效果	传播密度	年更新频率
	传播效度	评论量
		点赞量
		回复量
		转发量

德尔菲法十分重视专家的作用，特别是在指标筛选和权重确定等方面。在专家人数的选择上，有学者提出专家人数达到 13 人时，误差降幅不明显（Mitchell，2007）。因此，在组建专家团队和开展工作时，我们严格遵循权威性、专业性、科学性、匿名性和独立性等原则；同时从人员构成来看，我们邀请了 15 位国际中文教育、新闻传播、孔子学院管理等相关领域和部门的专家组成团队，不仅考虑到他们的学科背景和专业领域，而且兼顾了年龄、职称、工作年限和经历等因素（详见表 3）。特别值得一提的是，在 7 位从事国际中文教育的专家中，有 6 位具有在海外孔子学院教学（担任中方

院长/教师/志愿者）的经历，他们具有丰富的教育和从业经历，为本研究的开展和实施提供了强有力的支持和帮助。

表 3 专家团队基本情况

类别	选项	数量（人）
年龄	60 岁及以上	1
	50～59 岁	3
	40～49 岁	4
	30～39 岁	6
	30 岁以下	1
学历	博士	9
	硕士	5
	大学本科	1
职称	正高	6
	副高	5
	中级	4
学科背景	教育学/汉语国际教育	5
	中国语言文学	3
	新闻传播学	5
	管理学	2
工作领域	高校与科研机构 （从事非国际中文教育工作）	5
	国际中文教育	7
	管理部门	3
工作年限	30 年及以上	3
	20～29 年	5
	10～19 年	5
	10 年以下	2

在专家团队开展工作时，特别是在确定指标权重方面，我们向每位专家提供了孔子学院海外网络传播质量评估体系的相关资料和指标，采用层次分

析法（The Analytic Hierarchy Process）确定各层级各指标的权重。层次分析法的原理是把复杂的问题分解为若干组成因素，将这些因素进行两两比较，确定同一层次中诸因素的相对重要性，并综合专家的判断来决定各因素相对重要性的总顺序（隗静秋、王云峰，2016）。

首先，建立同一层级内各指标之间 1~9 标度法的两两比较矩阵；其次，请专家逐一根据同一层级指标的相对重要性进行赋分；再次，综合专家的打分确定各指标相对重要性的总顺序及得分；最后，基于层次分析法原理确定每个指标最终权重。具体计算方式如下。

第一，比较矩阵。对有 n（$n=1, 2, 3, \cdots, n$）个指标的某一层级指标，其两两比较的矩阵 $A=(a_{ij})n \times n$，比较矩阵 A 的构造公式如下：

$$
\begin{array}{c|cccc}
A & A_1 & A_2 & \cdots & A_n \\
\hline
A_1 & a_{11} & a_{12} & \cdots & a_{1n} \\
A_2 & a_{21} & a_{22} & \cdots & a_{2n} \\
\cdots & \cdots & \cdots & \cdots & \cdots \\
A_n & a_{n1} & a_{n2} & \cdots & a_{nn}
\end{array}
$$

第二，比较标度。对特定层级下的指标，a_{ij} 表示第 i 个指标（$i=1, 2, 3, \cdots, n$）相对于第 j 个指标（$j=1, 2, 3, \cdots, n$）的重要性标度，测量时采用 1~9 标度法的比较量表（详见表4）。

表 4 比较量表

标度	定义	说明
1	同样重要	i 因素与 j 因素同等重要
3	稍微重要	i 因素比 j 因素略微重要
5	明显重要	i 因素比 j 因素较重要
7	非常重要	i 因素比 j 因素非常重要
9	绝对重要	i 因素比 j 因素绝对重要
2, 4, 6, 8	相邻判断折中	为以上判断之间的中间状态对应的标度值
以上各数的倒数	反比较	j 因素与 i 因素重要性比较的判断值 $a_{ji} = \dfrac{1}{a_{ij}}$

第三，确定权重。通过专家打分，确定具体层次的单排序及一致性检验后，确定各指标在该层次下的权重。指标权重确定到三级指标，此外，对核

心指标的权重，依据上述方式，计算各核心指标相对重要性的总顺序及得分，并基于层次分析法确定最终的权重。

第四，评分排序。对传播渠道、传播内容、传播手段和传播效果四个一级指标分别评价，每部分各级指标赋分采用倒推评分的方法，首先计算三级指标的测评分数，二级指标权重值为三级指标权重值之和，一级指标权重值计算以此类推。指标测评分数确定方法首先是将单个指标的测评结果归一化处理；其次是将归一化后的结果作为该指标的分值；最后，该分值乘以权重即为该指标的实际得分。在确定权重的基础上，根据权重及预调研的实际情况，确定各三级指标的分段数及各分段分值。综上，所有三级指标的分段分值之和，即为该孔子学院官方网站/社交媒体海外网络传播质量的得分结果。

四、实证分析与评估结果

我们依据本研究设计的评估指标体系，对 2018 年和 2019 年在美孔子学院[①]的网络传播质量进行了综合评估和分析。

我们整理了 2018 年 105 家[②]、2019 年度 87 家[③]在美孔子学院的官方网站建设情况和在主要社交媒体（Facebook、Twitter、Youtube 或 Instagram）平台的账号开通与运营情况，整理了它们在传播渠道、传播内容、传播手段和传播效果四个维度 15 个三级指标的数据，通过综合模型计算分析得出各孔子学院的海外网络传播力得分与排名。限于篇幅，本文只分别列出 2018 和 2019 年综合得分排名前十的孔子学院名称（详见表 5 和表 6）。

表 5 2018 年在美孔子学院海外网络传播质量得分排名一览表（部分）

孔子学院名称	排名
得克萨斯南方大学孔子学院	1
西密歇根大学孔子学院	2

---

① 本文统计数据涵盖了 2018 年和 2019 年在原孔子学院总部官网上能检索到的所有在美孔子学院。

② 由于纽约市立大学麦德加艾维斯分校孔子学院是在 2018 年 12 月成立的，故不在 2018 年的考察范围之内。

③ 由于西肯塔基孔子学院、圣地亚哥孔子学院、迈阿密商务孔子学院是在 2019 年成立的，时间不足一年，故不在 2019 年的考察范围之内。

续表5

孔子学院名称	排名
乔治·华盛顿大学孔子学院	3
爱达荷大学孔子学院	4
密歇根大学孔子学院	5
威廉玛丽大学孔子学院	6
肯塔基大学孔子学院	7
密苏里大学孔子学院	8
特拉华大学孔子学院	9
华美协进社孔子学院	10

表6　2019年在美孔子学院网络传播质量得分排名一览表（部分）

孔子学院名称	排名
乔治·华盛顿大学孔子学院	1
华美协进社孔子学院	2
俄克拉荷马大学孔子学院	3
北卡罗来纳大学夏洛特分校孔子学院	4
西密歇根大学孔子学院	5
爱达荷大学孔子学院	6
肯塔基大学孔子学院	7
佐治亚州立大学孔子学院	8
威斯康星大学普拉特维尔大学孔子学院	9
孟菲斯大学孔子学院	10

通过对在美孔子学院网络传播质量的考察与评估，我们发现，在美孔子学院基本完成了网络传播平台的战略布局。各孔子学院结合自身实际，积极探索如何利用互联网提高传播效果，官方网站与社交媒体并行，多平台立体式传播格局初步形成。在运行上，各孔子学院努力协调网络技术与内容的同步发展，渠道多样、方式多元的融媒体传播方式应用普遍。在技术上，寻求各种新媒体手段（文字、图片、动画 flash、音视频）的组合运用以提升并优化传播效果，部分孔子学院还提供课程教学的PPT，这为公众了解、熟

悉孔子学院及其相关的课程和文化活动提供了多元化选择。在内容上，大部分孔子学院根据自身特点设置了学院简介、师资力量、教学课程、文化活动等栏目，访问路径清晰，信息类型多样。

无论是官方网站还是社交媒体，各孔子学院都不同程度地提供包括课程体系与授课计划、教学活动与文化交流等多种基本信息，并公布电话、邮箱或通过在线问答等方式提供报名与咨询服务，加强与民众和社会各界的交流交往。在评估中我们也发现，线上与线下的有机结合是各地孔子学院提升网络传播效果的有效措施，特别是在网络上公布文化活动、课程设置、HSK考试安排等信息，能为孔子学院开展相关工作提供较大助益。

五、结语

孔子学院是我国进行国际中文教育、向海外传播中国文化的重要平台和载体，是中国出口的最好最妙的文化产品（孔子学院总部，2014），更是"讲好中国故事、传播好中国声音"的桥梁和纽带。目前，我国已经在全球建立了500多所孔子学院，其海外网络传播需要专业的指导和科学的评估，要在充分尊重网络媒体传播规律的基础上奋力实践，不断加强新形势下中国与世界各国的民间合作、协作，为促进人文交流、深化国际理解、服务构建人类命运共同体做出新的更大的贡献。

参考文献：

安然，何国华. 孔子学院跨文化传播影响力评估维度研究［J］. 广西社会科学，2017a（3）：178－183.

安然，何国华. 孔子学院跨文化传播影响力评估体系建构初探［J］. 长白学刊，2017b（1）：141－148.

安然，刘国力. 基于阴阳视角的孔子学院组织关系研究［J］. 对外传播，2019（2）：48－50.

柴如瑾. 教育部设立中外语言合作交流中心［N］. 光明日报，2020－07－06（8）.

樊钉. 孔子学院质量评估体系研究［J］. 云南师范大学学报（对外汉语教学与研究版），2012（5）：35－39.

郭晶，吴应辉. 孔子学院发展量化研究（2015—2017）［J］. 云南师范大学学报（哲学社会科学版），2018（5）：36－44.

孔子学院总部. 孔子学院10年发展回顾［J］. 公共外交季刊，2014（3）：1－6，125.

马冬梅,李吉和. 城市少数民族流动人口服务管理绩效评估指标体系构建研究 [J]. 西南民族大学学报(人文社会科学版),2019(7):18—27.

王辉. 新时代孔子学院的发展路径 [N]. 中国社会科学报,2019-03-05(6).

隗静秋,王云峰. 基于全民阅读的学习型社会指标体系 [J]. 中国出版,2016(6):3—11.

吴才天子. 基于层次分析法的孔子学院评估指标体系研究 [J]. 亚太教育,2016(12):265—267.

吴军其,赵梦琦,周思慧,等. 高校教师培训有效性评价指标体系建构 [J]. 现代教育管理,2020(11):66—72.

吴应辉. 孔子学院评估指标体系研究 [J]. 教育研究,2011(8):30—34,92.

MITCHELL V W. The Delphi technique: an exposition and application [J]. Technology analysis & strategic management,2007(3):333—358.

作者简介:

张杰,四川大学海外教育学院讲师,主要研究方向为国际中文教育、全球传播与跨文化传播。

对外汉语教学

线上零起点学生声调学习情况调查研究

何 婉

四川大学海外教育学院

摘 要：新冠肺炎疫情暴发以来，大部分留学生汉语课程在线上进行，而线上教学有一定的局限性，对零起点的学习者来说尤其如此。本文选择四川大学海外教育学院的一个零起点班级，对班级中83%的学生进行了调查录音，详细分析了他们在读单字、词语、句子时对声调的掌握情况。从调查结果来看，他们的声调掌握情况不太理想，特别是词语的第二个字和句子中的声调发音情况。针对此情况，本文提出应把中文语境融入教学过程与学习任务，提高线上声调教学的质量。

关键词：线上教学；零起点；声调学习；调查研究

A Survey of Online Beginning Students' Tone Learning

He Wan

School of Overseas Education, Sichuan University

Abstract: Since the COVID-19, most Chinese courses for foreign students have been conducted online, and online teaching has certain limitations, especially for learners from beginners. This paper selects a beginner class in School of Overseas Education of Sichuan University, investigates and records 83% of the students in the class, and analyzes in detail their mastery of tones when reading words, phrases and sentences. According to the survey results, their tone mastery is not ideal, especially the second character in the word and the tone pronunciation in the sentence. In view of this situation, the article proposes that creating Chinese context should be a part of teaching and homework, so as to improve the quality of online tone teaching.

Keywords: Online teaching; Beginner; Tone learning; Investigation and research

新冠肺炎疫情暴发以后，国内高校都展开了线上教学，随着疫情趋于稳定，很多高校逐步恢复了线下教学，但全面恢复留学生的线下教学还需要较长时间。线上教学成为对外汉语教学的一种新常态，提高线上教学质量也成为现阶段对外汉语教学的新目标。近两年，对外汉语线上教学方面的研究成为热点。该领域的研究主要有以下三个方面。第一是研究线上教学的模式。这类研究通常是以某一所高校为研究对象，结合线上教学的特点，分析线上教学的弊端，再提出建议。第二是研究线上教学平台。这类研究主要是对比几种线上教学平台，如zoom、腾讯会议、超星学习通以及一些机构自制的上课平台等，针对其功能、界面等方面的问题进行比较研究。第三是分课型对线上对外汉语教学进行讨论分析。这类研究结合线上汉语教学的特点，针对每种课型提出具体的教学建议。此外，还有关于线上对外汉语教学的弊端、教学效果等问题的研究。

总体而言，关于对外汉语线上教学的研究范围较广，有些方面的研究逐渐深入，但是关于线上对外汉语语音教学效果的研究相对较少，已有研究主要探讨线上语音教学方法，关于线上对外汉语语音教学实际效果的研究极少。因此，本文尝试从声调入手，设计实验，观察线上对外汉语语音教学效果。

一、实验背景

语音教学一直是语言教学的重点和核心，汉语学习者在语言学习之初形成的"洋腔洋调"通常伴随其整个学习过程，即使学习者已经达到较高水平，其最初形成的语音错误不但不会有太大改进，反而会逐渐固化，很难纠正。在线下教学的过程中，教师和学生面对面，很容易帮助学生纠错，而线上教学由于受到网络等客观因素的影响，教学效果多少会受到影响。

无论线上教学还是线下教学，对外汉语教学的本质都是一种外语教学，学习者学习外语的目的就是能和使用不同语言的人进行交流。影响交流的一个至关重要的因素便是语音语调。对于线上零起点学习者而言，脱离了汉语的大环境，仅仅在线上进行语音学习，他们的语音语调会受到影响吗？本文采用抽样调查录音的方法，借助实验语音学的理论和知识，对线上零起点的学生进行录音分析，从而分析判断线上声调教学的效果。

（一）实验准备

汉语的声母、韵母、声调直接影响汉语学习者的发音，其中声调对其语音的准确性影响最大。虽然声调数量只有 4 个，但汉语声调有区别意义的作用，任何一个声调的偏误都将影响 25% 汉字的发音错误，声调的偏误直接影响交流。因此本文选择声调学习情况进行实验和分析，用田野调查法调查记录发音人的语音情况，以笔记本电脑录音，使用德国拜尔动力 TG H55c 话筒，AVID MBOXMINI 声卡，录音参数如下：采样率 32000Hz、16 位、单声道、最大录音长度 5 秒、波形显示长度 5 秒。本文利用 Praat 语音软件对录音进行分析，利用 Excel 画出声调曲线图。

（二）实验设计

此次调查的班级是四川大学海外教育学院零起点班级，全班有 6 位学生，参加调查录音的有 5 位，主要来自印度尼西亚、尼泊尔、斯里兰卡等国家。他们在线上学习了一个学期的中文，学习态度良好。通过对他们的调查，我们能够在一定程度上客观地展示零起点留学生线上声调学习的情况。发音字表分为字表、词表、语句三个部分。字表部分分别选择单韵母和复韵母的汉字。词表部分的词语由阴平＋四声、阳平＋四声、上声＋四声、去声＋四声组成。语句部分选择字数不超过 5 个字的短句和字数超过 10 个字的稍长句子。

整个录音过程都在线上进行，学生按照字、词、句的顺序依次朗读，调查者通过外置话筒录音，整个录音过程调查者不给予任何语音方面的提示，力求真实完整地记录发音人的声调情况。

二、结果分析

我们看一下 5 位线上零起点学生的声调发音情况，分别从单字到词语再到句子观察学生声调掌握情况。

（一）单字声调的发音情况

根据实验设计，单字分为两个部分，第一部分是五个单元音，即a/o/e/i/u/，第二部分是复韵母ai/ie/ui和鼻韵母an/ong。本次调查的调值通过实验语音学的方法计算而来，具体计算方法参考朱晓农《语音学》中关于声调的计算和描写。语音样本包括每个调类的各9个例字，我们利用对数z-score（LZ）方法分别对每位发音人的语音样本进行声学分析，分为如下五个步骤：一是测量点选取的方法是提取音高曲线各百分时刻的基频值，将0%、10%、20%、30%、40%、50%、60%、70%、80%、90%、100%这11个时刻点基频值分别记录下来；二是将他们化为对数；三是求对数值的均值和标准差；四是进行z-score归一化；五是将每个发音人的归一化结果加以平均并求其标准差。使用科学计算软件matlab7.0完成计算作图工作。以下各点声调计算皆如此法，不再说明。

我们用S1，S2，S3，S4，S5来代表5位发音人，分别列出他们单元音声调的发音情况，如图1所示：

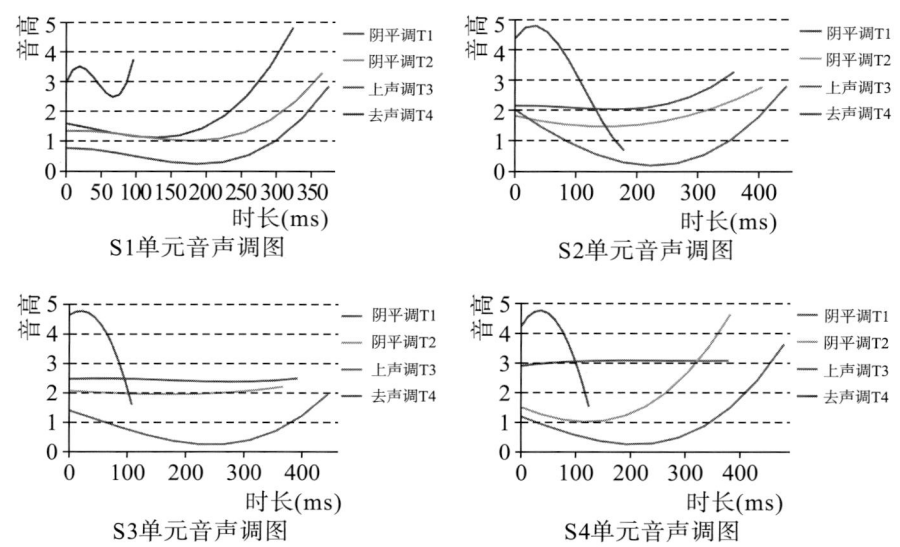

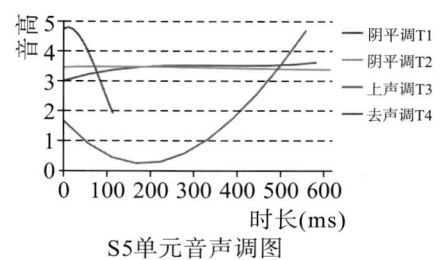

S5单元音声调图

图 1　5 位发音人的元音声调发音情况

根据图 1，我们列出 5 位学生四个声调的调值（见表 1）：

表 1　5 位发音人单元音调值

声调	阴平	阳平	上声	去声
普通话	55/45	35	214/213	51/41
S1	225	22	212	434
S2	34	23	213	51
S3	33	22	212	52
S4	33	225	214	52
S5	44	44	215	52

从表 1 可以看出，单元音中，四个声调发音最准确的是上声，标准的普通话上声为曲折调，调值为 213 或 214，从学生的发音情况来看，不论是听感还是实际测量的调值都比较理想，发音比较准确。其次是去声，标准普通话的去声为高降调，有 4 位学生发音比较准确，调值为 51 或 52，只有 1 位学生不会发去声，调值混乱。再次是阴平，普通话的阴平调是一个高平调，调值为 45 或 55，从发音情况来看，相对最准确的是 S5，他的调值为 44，听感和标准的阴平调也比较吻合。其他 4 位学生的阴平调都发得较低，听感上整体音高偏低，区分度不够。发音最差的是阳平调，普通话的阳平调是一个中升调，调值为 35，5 位参加测试的学生中，没有一位学生能相对准确地完成阳平调，录音时我们发现，发音人将阳平调和阴平调相混，如果不看字表顺序，很难区别发音人在读哪个声调。从调值来看，发音人把阳平调发得过低过平，从而导致发音错误。

单字中包括复韵母和鼻韵母的声调发音情况如图 2 和表 2 所示：

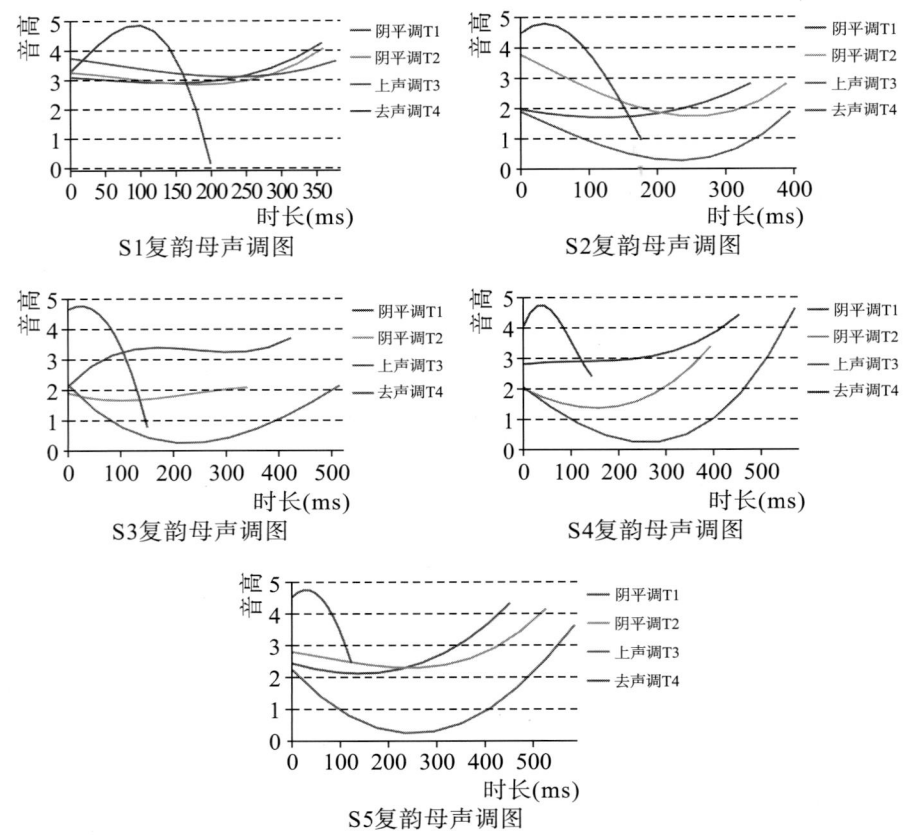

图 2　单字中包括复韵母和鼻韵母的声调发音情况

表 2　复韵母调值

声调	阴平	阳平	上声	去声
普通话	55/45	35	214/213	51/41
S1	45	45	45	451
S2	23	423	212	51
S3	34	23	313	51
S4	35	24	215	53
S5	35	35	314	53

我们将表2和表1对比可以发现,四个声调的发音正确率相似,上声和去声发音相对完整,与标准调值接近,阴平依然存在整体偏低的情况,发音最差的仍然是阳平调。发音人基本不能发出阳平调,凭借听感很难区别学生所读的阴平阳平两个声调,5位学生都有类似情况。但是从调值的偏差来看,整体发音情况好于单元音韵母的发音,这应该和韵母的发音难易相关。

(二) 词语声调的发音情况

单字的声调是最简单直接的,词语中的声调因为受到前后字声调的影响,所以难度增加,发音人需要更熟练地掌握声调才能更准确地发音。为了更全面地考察学生声调掌握的情况,我们将词语分为阴平+四声、阳平+四声、上声+四声、去声+四声,通过对几组词语的分析,观察学生在读词的时候哪种情况声调朗读最完整准确,哪种情况最难读出正确的声调。为了避免朗读中出现的偶然情况,每一种组合选择三个词语进行调查录音,减少学生因发音失误带来的不准确性,从而更加准确地呈现学生声调掌握情况。

词语前字①的声调发音情况如图3和表3所示:

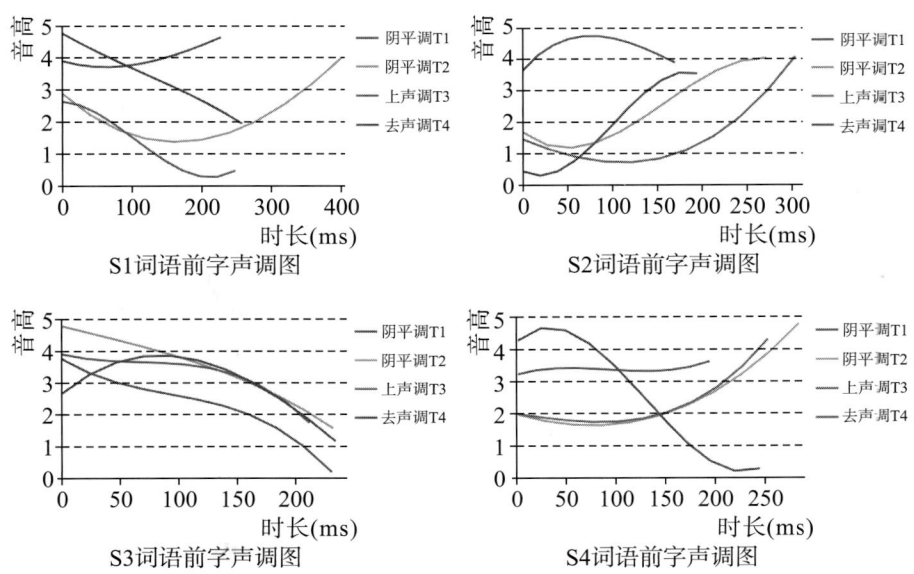

---

① 这里指两字词语中的第一个字。

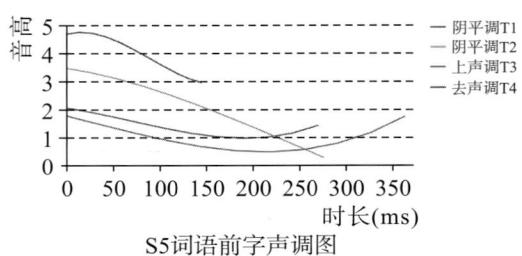

S5词语前字声调图

图 3　词语前字的声调发音情况

表 3　词语前字调值

声调	阴平	阳平	上声	去声
普通话	55/45	35	214/213	51/41
S1	45	324	31	52
S2	454	25	215	414
S3	41	52	42	41
S4	44	25	25	51
S5	32	41	212	53

　　从表 3 可以看出，5 位学生在读词语时声调的错误情况和单字不太吻合。读单字时，无论韵母是单韵母还是复韵母，发音最好的都是上声，基本没有错误。但是读词语时，只有 S2 和 S5 上声发音正确，S1 勉强正确。单字中发音较好的去声在读词语时只有 S1、S3 和 S4 发音正确。相反，单字发音较差的阴平和阳平两个声调，在词语发音中反而读得较好。S1、S2 和 S4 正确地发出了阴平，S2 和 S4 的阳平调也能勉强算对，虽然有些偏差，但是不影响交流。

　　词语后字①的声调发音情况如图 4 和表 4 所示：

---

①　这里指两字词语中的第二个字。

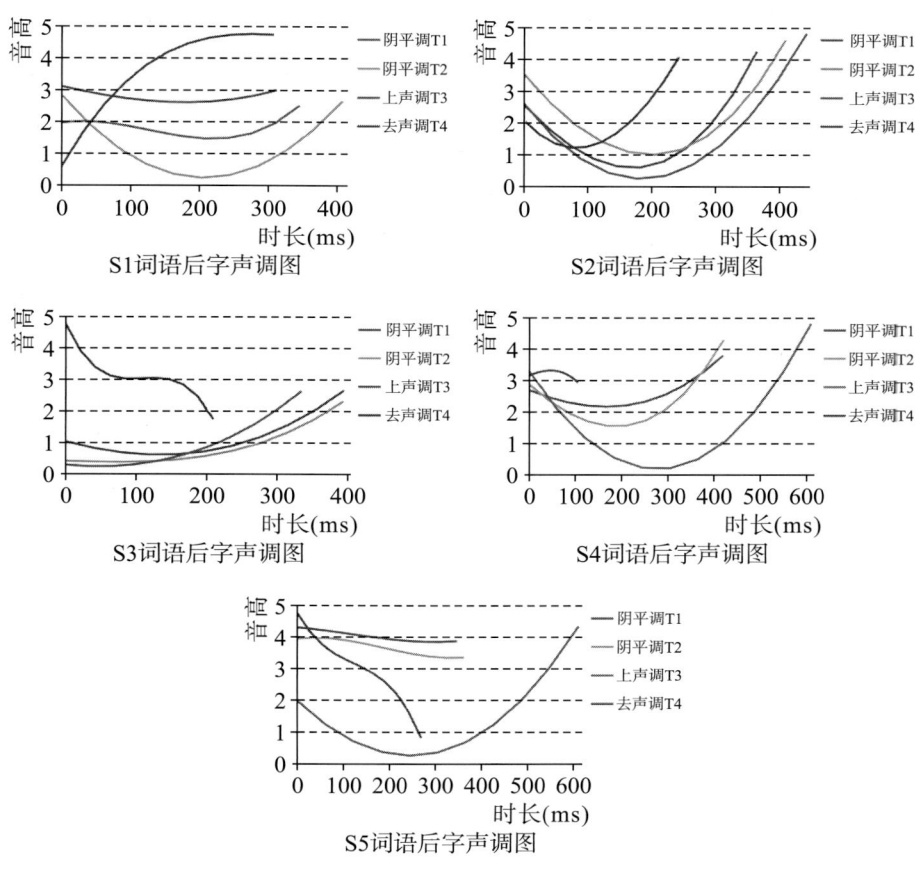

图 4　词语后字的声调发音情况

表 4　词语后字调值

声调	阴平	阳平	上声	去声
普通话	55/45	35	214/213	51/41
S1	43	313	323	15
S2	315	425	315	324
S3	213	13	13	532
S4	334	325	415	43
S5	54	44	215	531

从表 4 可以看出，词语后字的声调发音情况不太理想，5 位学生一共读

93

了20个声调，除上声外，剩余的16个声调中有9个读成了曲折调，占56.25%，这种错误在前面的单字和词语前字中都没有出现过，而且5位学生都出现了这样的情况。可能是由于学生对声调掌握不牢，所以难度增加后，只能记得自己最熟悉的上声如何发音，以至于用上声代替了其他声调。从学生读的词语后字来看，相对正确的读音是上声，5位学生基本都能发出比较正确的发音。其次是去声，S3、S4、S5虽然发音不够准确，但基本是降调。阴平和阳平发音都不太理想，特别是阳平，基本没有学生能够在词语后字中准确地发出阳平调。

词语中声调因为受到前字或者后字的影响，比单字调的发音难度大，从5位学生的发音情况来看，词语中前字的发音比后字的发音更好一些。

（三）句内单字声调的发音情况

为了更全面地考察学生声调掌握情况，我们选用了一些语句让学生朗读。和词语相比，句子难度更大。实验所选用的句子分为两类：一类是单字不超过5个的短句，例如："你好""大家好"等；另一类是字数在10到20个字的长句，目的是观察学生在不同情况下的声调发音情况。为了使调查结果更加可靠，每个声调都随机选择9个例子，最后求平均值并画出声调图。具体如图5和表5所示：

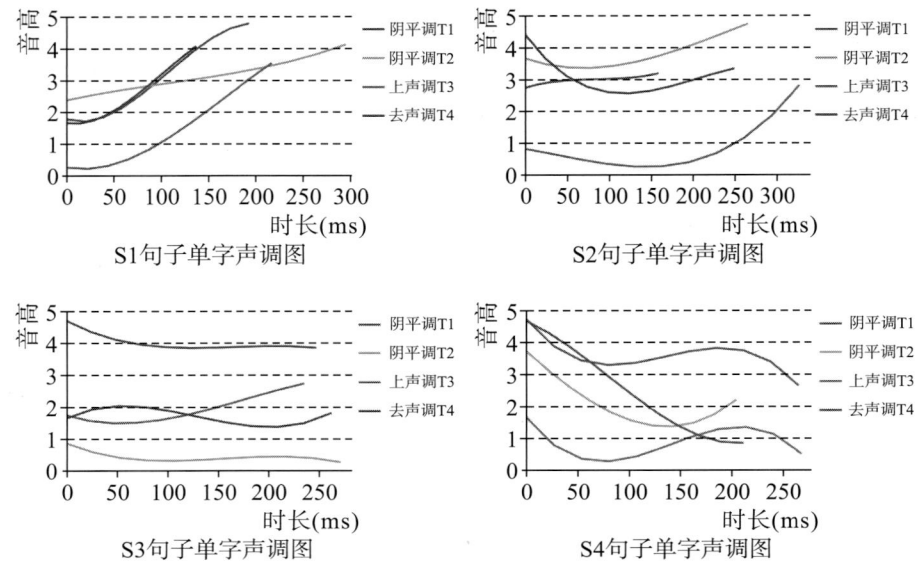

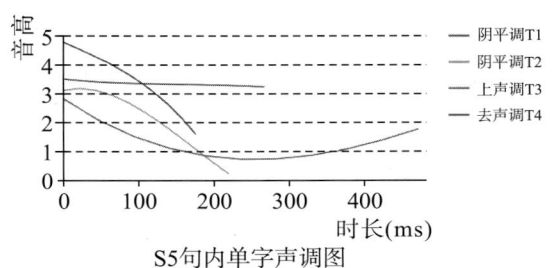

S5句内单字声调图

图 5　句内单字声调图

表 5　句内单字调值

声调	阴平	阳平	上声	去声
普通话	55/45	35	214/213	51/41
S1	25	35	14	25
S2	34	45	113	534
S3	54	11	23	232
S4	543	423	2121	51
S5	44	41	312	52

从表 5 可以看出，5 位学生读句内单字时的声调偏误各不相同，和此前单字、词语中的声调偏误也不吻合，同时 5 位学生的偏误也没有规律可循。S1 读的 4 个声调中，阴平和去声都读成了 25 调，完全错误，影响交流。S2 读的阴平和阳平相似，上声勉强合格，去声不准确，影响交流。S3 除了阴平，其他 3 个声调调值错误，影响交流。S4 去声发音较好，阴平时长过长，调尾过低，上声发音过长，出现了 2121 这样的调值，听感上像在唱歌，阳平发音完全错误。S5 发音相对较好，阴平、上声、去声都不错，只是也把阳平发成了去声。

从 5 位学生的声调朗读情况来看，单字调的声调发音最准确，其次是词语前字的声调发音，而词语后字和句内单字的声调发音都比较差，很影响交流。

三、实验结论

上文中我们通过声调图和调值直观地看到了 5 位学生声调的发音情况，

由于学生发音的不稳定性，我们很难对他们的声调发音情况进行横向和纵向的比较。下面我们尝试将 5 位学生的声调发音情况进行量化的比较。

汉语中准确的声调应该是调形吻合，调值高低接近，如果调形错误或者调值差别过大就会变成另一个调，影响交流。假设一个完美的声调是 100 分，其中调形 50 分，调值 50 分，我们按照这个标准将 5 位学生的声调分别打分，进行比较。调形和调值完全吻合为 100 分，和标准调值接近的也为 100 分，同时结合听感以及学生和标准调值的差异酌情扣分。需要指出的是，这种打分是相对的，不够准确，但能大致反映学生声调的发音情况。具体如表 6 所示：

表 6　5 位学生声调发音得分汇总表

学生	声调	单字调1	单字调2	词语前字	词语后字	句内单字
S1	阴	0	100	100	50	0
	阳	0	50	0	0	100
	上	100	0	0	80	50
	去	0	0	100	0	0
S2	阴	50	50	90	0	50
	阳	20	0	100	0	50
	上	100	100	100	80	100
	去	100	100	0	0	50
S3	阴	50	50	0	0	100
	阳	0	20	0	50	0
	上	100	90	20	50	0
	去	100	100	100	50	0
S4	阴	50	80	100	50	50
	阳	0	90	100	0	0
	上	100	90	50	50	20
	去	100	80	100	20	100

续表6

学生	声调	单字调1	单字调2	词语前字	词语后字	句内单字
S5	阴	100	80	0	100	100
	阳	0	100	0	0	0
	上	90	80	100	100	0
	去	100	80	80	50	100

根据表6我们可以计算出5位学生各声调的平均分，如表7所示：

表7 5位学生各声调发音平均分

声调	阴	阳	上	去	平均分
S1	50	30	46	20	36.5
S2	48	34	96	50	57
S3	40	14	52	70	44
S4	66	38	62	80	61.5
S5	76	20	74	82	63
平均分	56	27.2	66	60.4	52.4

从表7可以看出，上声得分最高，无论处于哪种位置，学生都能完整地读出上声。其次是去声，大部分学生都能表达出去声是一个高降调，只是降得不够低，发音不够准确。再次是阴平，学生在特定条件下能够较好地发出阴平调，但是不稳定。最差的是阳平，调值调形均不正确，凭借听感很难听出学生所讲的声调为阳平调。

从5位学生的发音情况来看，2位学生及格，3位学生不及格，其中两位小于50分。分数小于50分的学生基本不能清晰地发出4个声调，听上去所读声调错误或者相似。

同样，我们也能计算出不同情况下5位学生不同位置单字发音的平均得分，如表8所示：

表8　5位学生不同位置单字的声调发音平均分

声调	单字调1	单字调2	词语前字	词语后字	句内单字
阴	50	72	58	40	60
阳	4	52	40	10	30
上	98	72	54	72	34
去	80	72	76	24	50
平均分	58	67	57	36.5	43.5

由表8可知，留学生声调的准确性和声调本身的难度有关，同时也受到前后声调的影响。从表8可以看出，复韵母的单字调的发音是最好的，这可能和我们选择的复韵母比较简单有关。单韵母和词语前字次之，单韵母原则上是最简单的，因为这是教师讲解声调的入手处，但是从实验结果来看单韵母的发音情况并不理想，可能是由于学生从单韵母开始朗读，还比较紧张，不太能准确地找到发音位置。词语前字的发音相对较好的原因可能是我们选用了一些口语中常用的汉字，初学者可能每天都在使用这些字，所以即便对声调发音不熟悉，也能较准确地说出这个字。句子和词语后字的读音情况较差。词语后字受到词语前字的影响，初学者很难快速调整声调，句子的声调受到语流的影响，难度最大，初学者因为对四声不熟，朗读句子时很难快速调整音高，出现声调不清晰的现象。

四、结语

为了检验线上声调教学的效果，本文通过设计实验，观察零起点学生声调学习的情况，并进行量化分析。从实验结果来看，5位学生中有3位的声调基本能达到区分意义的作用，另外2位学生则很难仅凭借听音判断他们所读的声调类型。和线下教学相比，教学效果不太理想。

通过分析可以发现，语句中的声调虽然难度最大，但是发音情况并不是最差的，原因在于学生朗读一些固定搭配的正确率相对较高。例如："你好！""四川大学""留学生"，等等。语言学习本来就需要不断地听说和模仿，线上课程除了交流沟通不如线下及时以外，其弊端还在于学生脱离了中文的大环境，因此应把创造中文语境作为初级班教学和作业的一部分。除了让学生完成一些常规作业以外，还可以增加看中文小视频、完成中文对话等活动，让学生在课堂之外也能有机会听说中文，从而提高线上声调教学的质量。

参考文献：

李雪. 俄罗斯汉语零起点学生线上语音音变强化训练实验研究［D］. 北京：北京第二外国语学院，2021.

陈琳. 线上汉语语音课中的探究式学习［D］. 北京：北京外国语学院，2021.

闫宏丽. 微课应用于对外汉语初级语音教学的探索［D］. 天津：天津大学，2020.

朱晓农. 语音学［M］. 北京：商务印书馆，2010.

作者简介：

何婉，四川大学海外教育学院副教授，主要研究方向为四川方言、对外汉语教学。

再虚化副词的对外汉语教学大纲和教材设置

胡 朗

成都中医药大学外语学院

摘 要：本文对《汉语水平等级标准与语法等级大纲》和《高等学校外国留学生汉语言专业教学大纲》的再虚化副词知识点设置情况进行了考察，并提出补漏、定级等调整建议。同时，本文针对再虚化副词，在考察《汉语教程》（第2版）相关知识点安排的基础上，提出在教材方面采取语义功能渐进化处理、及时练习和复习以及多样处理、讲解的有效处理等措施。

关键词：再虚化；副词；教学大纲；教材；建议

Suggestions on the Syllabus and Textbooks for Teaching Chinese as a Foreign Language Based on Re-gramaticalization Adverbs

Hu Lang

The College of Foreign Languages, Chengdu University of Traditional Chinese Medicine

Abstract: This paper examines the status of the re-grammaticalization adverbs in *The Chinese Proficiency Standard and Grammer Syllabus* and *Grades Outline for Teaching the Overseas Undergraduate Students Majoring in Chinese Language*, and proposes targeted adjustment suggestions. At the same time, on

---

* 本文系四川省社科规划项目"语义类型学视域下的汉语多义多功能副词演变研究"（SC21C064）阶段性成果。

the basis of the arrangement of knowledge related to re-grammaticalization adverbs in *Hanyu Jiaocheng* (2nd edition), three relevant suggestions for the textbook were finally proposed—hierarchical and progressive evolution of semantic functions; the timely, diverse practice and review; the validity of the explanation of re-grammaticalization adverbs.

Keywords：re-grammaticalization; adverb; syllabus; textbook; suggestions

再虚化副词是指由其他实词或短语虚化而来的副词再次发生了虚化。本文选取描摹性副词、限定性副词和评注性副词中的再虚化副词"活活"、高低限副词（至多/少、最多/少、顶多/少、充其量、起码、多/少说）、"X然"（固然、诚然、自然、当然、果然）、确信评注副词（诚然、当然、其实、实际上、确实、的确）作为考察对象，其中"活活"再虚化为评注性副词，"X然"不同程度地再虚化为连词，确信评注副词则再虚化出话语标记功能。本文对这些词在教学大纲和教材中的设置情况进行了考察，并提出了建议。

一、再虚化副词的教学大纲设置现状

李扬（1995）将教学大纲分为两类：一类是"框架性大纲"，即对教学对象、教学类型、教学目标、教学原则、教学途径、教学计划及内容进行总体的设计；一类是"操作性大纲"，是在总体设计的指导下针对不同层次、不同类型课程指定的教学等级标准大纲。《汉语水平等级标准与语法等级大纲》是中国对外汉语教学学会汉语水平等级标准研究小组研制，1988年出版的对外汉语教学大纲。此后，又有一系列教学大纲相继问世，其中包括《高等学校外国留学生汉语言专业教学大纲》这种框架性大纲，它为高校外国留学生汉语言专业组织教学、编写教材和评估教学质量提供基本依据。

我们对这两本大纲中的相关再虚化副词知识点设置情况进行了考察，详见表1、表2和表3：

表 1 《汉语水平等级标准与语法等级大纲》相关设置

语法点	等级	类别
固然……也……	丙级	让步复句
固然……但是（可是，不过）……	丙级	转折复句
……，其实……	丙级	转折复句
果然	乙级	语气副词
其实	丙级	语气副词

表 2 《高等学校外国留学生汉语言专业教学大纲》相关设置（1）

收词	词性	年级	解释及举例
至少	副词	一年级	从这儿走到学校，至少要半个小时。
当然	形容词	二年级	理所当然
固然	连词	二年级	工作固然很忙，但还是可以抽出一些时间来。 考上了固然很好，考不上也不必灰心。
起码	形容词	二年级	
自然	副词	二年级	表示估测，只要刻苦训练，自然会取得好成绩。
	形容词	二年级	变化很自然/自然的结局
确实	副词	一年级	我确实很喜欢这批中国空姐，她们的服务是一流的。
实际上	副词	三、四年级	我们都以为这条路很长，实际上只有两公里。
充其量	插入语	三、四年级	表示对程度的估计 就住在这个宾馆吧，充其量一天多花 100 元。
少说	插入语	三、四年级	表示对程度的估计
最多不过	插入语	三、四年级	表示对程度的估计

表 3 《高等学校外国留学生汉语言专业教学大纲》相关设置（2）

语法点	年级	类别
……，实际上……	三、四年级	转折复句
……，其实……	二年级	转折复句
固然……，但是……	二年级	转折复句
固然……，……也……	二年级	让步复句

续表3

语法点	年级	类别
确实/的确	一年级	肯定态度表达

两个大纲在相关再虚化副词的编排上有所遗漏，系统性不足。《汉语水平等级标准与语法等级大纲》对这类副词的关注不多，只涉及"固然""其实""果然"三个词。但难能可贵的是，该大纲考虑到了"固然"的连词属性，将"固然"归入让步复句和转折复句。《高等学校外国留学生汉语言专业教学大纲》则涉及更多我们所考察的副词，且对副词"少说"也有所提及，但该大纲对这类副词的设置也明显存在遗漏的问题。

二、再虚化副词教学大纲调整建议

针对两个大纲的再虚化副词知识点的设置情况，我们从收词、词类归属和词语定级三方面提出以下三个建议。

1. 补齐遗漏的再虚化副词

大纲对教材编写具有重要的指导作用。如果大纲不能将重要的再虚化副词纳入知识点，其对教材编写的指导作用也会大打折扣。因此，我们认为应将必要的再虚化副词补上。如根据《现代汉语频率词典》，"活活"的使用度为6，使用频率为0.00046，在使用度上甚至超过了"活力""活生生"，后两者的使用度均为5。而且在中介语语料库中，"活活"的使用量超过了"顶多"和"充其量"，对于二语汉语习得者来说，"活活"有学习的需要和掌握的必要。那么，既然"充其量"已经出现在大纲中，"活活"就没有理由不被纳入了。因此，两个大纲可以添加"活活"一词。

2. 重新确认并适当补充再虚化副词的词类归属

大纲对词类的定性应该紧跟新的有说服力的研究成果。但在这一点上，两个大纲都还有需要改进之处。如《高等学校外国留学生汉语言专业教学大纲》将"充其量""少说"都归为插入语，并举例如下：

例（1）就住在这个宾馆吧，充其量一天多花100元。

那么，我们首先要明确什么是插入语。插入语实质上是一种语用现象，其与句子的直接成分没有结构关系，在位置上具有灵活性，在语义上不影响所在命题的语义，主要是为了语用上的需要而使用。这里的"充其量"在句法上充当状语，对其后的数量成分"100元"进行最高限限定，并不是真正的插入语。也就是说，《高等学校外国留学生汉语言专业教学大纲》将"充其量""少说"这类词定性为插入语是值得商榷的。

3. 有理有据地对跨词类的再虚化副词进行定级

大纲在对再虚化副词定级时，只考虑了词语的使用频率，而没有从汉语二语习得者的学习出发，考虑难度的分级和学习的循序渐进。如对于高低限副词，《高等学校外国留学生汉语言专业教学大纲》只将其解释为对程度的估计，没有考虑到高低限副词再虚化后的主观评注用法。在定级时，将此类用法定级为应在三、四年级学习的用法，并没有划定明确的年级，这一点还可以改进。在教授完范围限定用法之后，可以适时地教授主观评注用法。

三、再虚化副词的教材设置现状

在考察再虚化副词的现有用法在教材中的设置时，考虑到使用的广泛性和普及性，本文选用了使用范围广的《汉语教程》（第2版，下同）。通过考察，我们发现这套教材对再虚化副词的收录也是不全面的，对"活活"没有涉及，高低限副词在两类教材中出现了"至少""最少"，其他词很少涉及，"X然"出现较多的是"当然""果然"，其次是"自然"，另外两个词也很少提及，我们以教材涉及最多的词——"当然"为例，来看看教材对再虚化副词的设置。

《汉语教程》（第一册下）的第19课中就出现了生词"当然"：

例（2）我试试可以吗？当然可以。

《汉语教程》（第二册下）第16课的课文中再次出现：

例（3）有的人过圣诞节，可能是喜欢圣诞节那种欢乐的气氛，孩子们能从爸爸妈妈那儿得到礼物，当然也很高兴。

《汉语教程》（第三册上）的练习和课文中出现：

例（4）A：中药……？

B：当然有作用。我的病就是喝中药以后才好的。（第2课补充类练习）

例（5）A：这样啊。这么说，以后还会更冷啊。

B：当然。（第3课活动类练习题）

例（6）刚去时当然会感到寂寞，会想家。但是，如果你语言通了，再交一些好朋友，……你就不想回来了。（第3课补充类练习题）

例（7）她说："要是你愿意，我可以带你到南京的一些风景区去看看。"我说："这样当然好，不过，会不会太麻烦你了？"（第4课课文）

例（8）汉语最难学的不是语法，是词语的用法。当然，……（不过）（第4课补充类练习题）

例（9）这是很当然的事，各国人都会这样。（第4课改错类练习题）

例（10）我们班的赵霞聪明漂亮，大方开朗，是个人见人爱的女孩儿。我当然也很喜欢她。但我从没有跟别人说过，也没有向她做过任何表示……（第8课课文）

例（11）谁心里都可能有一个不可说出的秘密，你有没有？

当然有了，不过，说出来还叫"秘密"吗？（第8课练习题）

例（12）对我来说，幸福是什么呢？是读到一本好书，是与朋友聊一个有趣的话题，是从自己不多的收入里拿出一部分钱捐给希望工程，是看到那些失学的孩子又背起书包回到学校，是看到那些以前贫穷的人们过上了好日子，是看到我的祖国一天天走向富强，当然还有老母亲和全家人都健康、平安、快乐……这些都是我的幸福。（第9课课文）

除此之外，《汉语教程》（第三册上）还对"当然"的用法进行了如下总结：

形容词"当然"表示"应该这样"，作定语、谓语，不能重叠。

副词"当然"表示"合乎情理或事理；毫无疑问"，作状语，修饰动词。

插入语"当然"用在句子或分句开头，表示对上文进行补充说明。

可以看出，《汉语教程》在对"当然"这一再虚化副词编排时遵循了"由易到难"的教学规律，并在对几类用法进行总结时，考虑到了知识回顾和复习的重要性，教学环节较为完整。但也可以看出，该教材并没有注意到"当然"的语义关联，不管是在讲解中，如副词"当然"和形容词"当然"的用法说明，还是在练习中，如上文例（8）和例（9），都没有关注这一点。

四、再虚化副词的教材设置建议

基于《汉语教程》对再虚化副词的编写和安排，我们提出以下建议。

（一）语义功能的安排层级化、渐进化

束定芳、庄智象（1996）指出，教材的编写需要遵循以下六个原则：（1）真实性原则；（2）循序渐进原则；（3）趣味性原则；（4）多样性原则；（5）现代性原则；（6）实用性原则。对于再虚化副词来说，多义、多功能需要分步呈现和教学，要有一个循序渐进的过程，不能一次全部呈现，也不能没有系统性的安排，导致遗漏现象的产生。《汉语教程》在对"当然"的分步安排上是做到了循序渐进的，《汉语教程》（第一册下）提出"当然"的生词用法时，首先教给学生的就是确信评注用法，然后《汉语教程》（第三册上）第3课出现表确信评注的"当然"在转折语境中的用法，再到《汉语教程》（第三册上）第9课呈现"当然"的补充性关联用法，这与"当然"的再虚化过程具有大致的对应关系。在语义功能的层次性和难度等级的渐进性上遵循了从易到难、从旧到新的原则，这对其他再虚化副词在教材中的编写和安排是重要的参考。

（二）练习和复习具有及时性、多样性和可操作性

徐子亮（2017）提到了学习和记忆的信息加工流程，即外界的刺激在为个体所感觉后，会转换为神经传入大脑，贮存为短时感觉，短时感觉中的小部分会受到个体注意，并经过分析、编码成为短时记忆。而短时记忆要经过复述和再次编码，才能成为长时记忆，真正成为个体的知识信息。因此，练习和复习对于学习者的再虚化副词的习得尤为重要。

1. 及时练习、复习

福斯特（Foster，1992）指出，经常使用或才用过不久的信息可以得到快速提取，不经常使用的信息的提取则需要花费更多的时间与精力。因此，要让再虚化副词的各种用法更易提取，及时练习和复习需要加强。《汉语教程》在第一册课文中对"当然"的基本用法或者说核心义进行了教学，在第二册和第三册中频繁使用，可以加深学习者的印象，唤醒学习者的记忆，符合学习者的二语学习的心理过程。

2. 注重练习题的多样性和趣味性

"遗忘提取失败说"认为，遗忘是因为一时不能提取出信息，但只要有了正确的线索，在经过搜寻后信息是可以被提取出来的。也就是说，要想让学习者能顺利提取已学习的再虚化副词的各类用法，就要尽量为学生提供多样化的场景和线索，帮助学习者联想到各类用法并激活它们，让学习者在情境中能真正地输出产出性词语。《汉语教程》中的练习题类型有补充类、改错类和活动类，不会给学习者造成单调枯燥的感觉，同时涉及的多个场景也为各类用法的激活提供了线索。

3. 练习内容贴近现实，具备可操作性

练习应具有可操作性，表现为练习题可以给学习者带来具体、实在的收获。《汉语教程》中"当然"的练习题多以对话的形式出现，话题包括外出游玩、谈论学习汉语的感受、交朋友等，这些都与学习者在中国的学习生活相关，学习者在习得后可以在生活中应用，可操作性较强。

（三）保证再虚化副词讲解的有效性

在教材的生字表后一般还有对重点词语用法的讲解，可以给学习者提供理解上的帮助。但现有教材的讲解多限于该课文所涉及的特定用法的讲解，没有关注其他用法。《汉语教程》在词语用法讲解中考虑到了这一点，在"当然"的几类用法已经教授以后，专门对这几类用法进行了总结。这样的总结无疑能够帮助汉语学习者更好地建立一个多义词的体系，但再虚化副词的语义本身就比较抽象，不易掌握，单单建立这样一个无关联的体系是不够的，还需要进一步给出更多的语义关联提示，让学习者在各类用法间建立联系，帮助学习者建立认知关联，加深对该词的记忆，真正保证讲解有效。

五、结论

《汉语水平等级标准与语法等级大纲》和《高等学校外国留学生汉语言专业教学大纲》为针对母语非汉语的外国人或海外华人华侨的组织教学及教材编写等提供了权威依据，《汉语教程》是使用广泛、极受欢迎的一部汉语教材。通过考察其中再虚化副词相关知识点的设置现状，本文提出了一些建议，希望为大纲和教材的编写提供有益的参考。

参考文献：

北京语言学院语言教学研究所. 现代汉语频率词典［Z］. 北京：北京语言学院出版社，1986.

国家对外汉语教学领导小组办公室汉语水平考试部. 汉语水平等级标准与等级大纲［M］. 北京：高等教育出版社，1996.

国家对外汉语教学领导小组办公室. 高等学校外国留学生汉语言专业教学大纲［M］. 北京：北京语言大学出版社，2002.

束定芳，庄智象. 现代外语教学［M］. 上海：上海外语教育出版社，1996.

李杨. 将教学建立在更科学的基石上［M］//孙瑞珍. 中高级对外汉语教学等级大纲. 北京：北京大学出版社，1995.

徐子亮. 实用对外汉语教学丛书：实用对外汉语教学法［M］. 北京：北京大学出版社，2017.

杨寄洲. 汉语教程［M］. 2版. 北京：北京语言大学出版社，2006.

FOSTER K L. Memory-addressing mechanisms and lexical access［C］//FROST R，KATZ L. Othography，phonology，morphology，and meaning. Amsterdam：Elsevier Science Publishers，1992.

作者简介：

　　胡朗，成都中医药大学外语学院讲师，主要研究方向为现代汉语词汇和语义演变。

# 中华文化国际传播

美国汉语学习者的中国文化认同调查与研究*

杨 恬[1]　马小钰[2]

1 四川大学海外教育学院　2 四川大学文学与新闻学院

摘　要：在新冠肺炎疫情持续与中美关系错综复杂的现实背景下，本文通过问卷调查对美国汉语学习者的汉语学习状态、中国文化认同现状及其跨文化传播（交流）倾向进行了调查与分析。结果显示，美国汉语学习者总体上对中国文化的认同程度较高，表现出比较明显的跨文化传播（交流）倾向。本文结合调研结果，就推进国际中文教育在美国的发展提出了相关建议。

关键词：国际中文教育；美国汉语学习者；中国文化认同；跨文化传播（交流）

A Research on American Chinese-Language Learners' Approval of Chinese Culture

Yang Tian[1]　Ma Xiaoyu[2]

1 School of Overseas Education, Sichuan University
2 School of Literature and Journalism, Sichuan University

Abstract: Under the realistic background of the continuous spread of COVID-19 and the complicated Sino-US relations, this paper investigates and analyzes the Chinese learning status, the degree of Chinese cultural approval and the tendency of intercultural

---

* 本文系四川大学新世纪高等教育教学改革工程（第九期）研究项目（SCU9400）及四川大学中央高校基本科研业务费项目（2021自研—海外004）。

communication of American Chinese learners through a questionnaire survey. The study found that American Chinese learners generally have a high degree of approval of Chinese culture, showing a relatively obvious tendency of intercultural communication. Finally, based on the research results, this paper puts forward some optimization strategies to promote the development of international Chinese language education in the United States.

Keywords：International Chinese Language Education；American Chinese-Language Learners；Chinese Cultural Approval；Intercultural Communication

一、研究缘起

新冠肺炎疫情的持续蔓延对国际中文教育的开展带来不同程度的复杂影响。如何有效地规避风险、发挥汉语教育与交流的积极作用，是汉语教育工作者面临的重要任务。美国汉语学习者是中美语言文化交流的重要"桥梁人群"之一，研究美国汉语学习者的中国文化认同情况，探寻该群体的中国文化认同在其汉语学习与跨文化传播（交流）倾向中的作用，一方面有助于为优化面向美国汉语学习者的汉语教学策略提供重要的认知储备，为持续推动美国汉语学习者积极学习汉语、了解中国文化提供实证参考，另一方面有助于探明美国汉语学习者在中国文化认知上可能走入的"误区"，在遵循"求同存异"原则的基础上，通过具有时效性、针对性的课堂教学与活动实现增信释疑，帮助美国汉语学习者树立客观、理性的中国文化认知态度。

有鉴于此，本研究围绕美国汉语学习者的中国文化认同议题展开。本文通过问卷调查的方式考察美国汉语学习者的汉语学习状态、中国文化认同现状与跨文化传播（交流）倾向，尝试准确刻画立足当下时代语境的美国学习者对汉语及中国文化认同的特征。在此基础上，本文将就如何优化面向美国汉语学习者的教学策略、发挥美国汉语学习者在中美语言文化交流中的积极的"桥梁作用"等问题作进一步深入探讨。

二、研究现状述评

对第二语言学习而言，文化认同主要指学习者对目的语群体文化的认知、态度、归属感以及由此产生的行为实践（陈默，2018）。在国内汉语教学界，关于汉语学习者认同的研究主要围绕认同与学习动机、二语习得水平、跨文化适应的关系等议题展开。有研究发现，美国汉语学习者的学习动机多与个人认同相关，会说汉语是对自我价值的肯定（陈天序，2012），对美国学习者而言，汉语学习时间、在华时间越长，其语言、文化和族群认同程度越高，而价值观认同不受影响（魏岩军、王建勤、朱雯静，2015）。认同对于二语习得具有积极作用的论点在学界得到普遍肯定（陈默，2020），不过，已有研究多通过比较视野探讨不同国家汉语学习者的认同差异，对美国汉语学习者中国文化认同的专门性实证研究很少。

除汉语教学界以外，国内传播学、社会学、心理学领域的研究者对包括汉语学习者在内的来华外国人的文化认同亦给予了越来越多的关注（赵欣，2014；赵云泽、滕沐颖、赵菡婷等，2015；刘学蔚，2016；Liu & Kramer，2019），亦有学者调查来华留学生与未曾来华的美国汉语学习者对于"中国文化软实力"的评价，发现不同背景的调查对象对中国文化软实力的评价有显著差异，因此中国文化传播策略要进一步细分；同时，信息质量是中国文化软实力生成的最重要传播因素；在国际传播工具运用上，研究指出要突破"大众媒介"依赖，重视中国商品/服务和人员交流（陶建杰、尹子伊，2020）。

通过对既有文献的梳理分析，我们发现，关于外国人中国文化认知或者认同的研究视角体现出从外国人的文化融入向文化、社会、国家认同以及其影响因素的深层次角度转变的趋势。事实上，来华外国人与身处海外的中文学习者这一讲述中国故事的"桥梁人群"及其关于中国文化传播实践已吸引着越来越多的研究者，而跨学科研究为全面而准确地理解这样的跨文化交流人群的心理特征与行动逻辑提供了更加多维的视角，因此，在针对来华留学生、汉语学习者的中国文化认同研究中引入跨学科视野具有重要意义。

三、研究设计

（一）调查问卷的设计

本研究借鉴二语认同、跨文化交际、跨文化传播等研究领域的相关主流理论与评估指标体系，设计"美国汉语学习者的中国文化认同"调查问卷，并设定了"汉语学习状态""中国文化认同""跨文化传播（交流）倾向"作为三个主要维度的变量。

1. 汉语学习状态

"汉语学习状态"维度的问题设计是为了从学生的自我认知层面了解2020年新冠肺炎疫情暴发后美国汉语学习者的学习状态。参照国际中文教育研究中有关学习动机（丁安琪，2015；俞玮奇，2018）和二语认同（魏岩军、王建勤、朱雯静，2015；陈默，2020）的相关实证研究成果，本研究设计了"学习目标""影响学习的因素""学习习惯""学习后的认知变化"四项指标加以测量。

2. 中国文化认同

"中国文化认同"维度的问题设计是为了分析美国汉语学习者的中国文化认同特征及其影响因素。借鉴文化认同（Collier, 2005）、交际身份认同（Hecht et al., 2005）、民族文化认同层级模型（王沛、胡发稳，2011）等主流理论研究成果，结合美国汉语学习者所处的文化语境，课题组围绕中国文化符号、中国交际文化、中国文化价值观三项指标设计问题进行测量。

3. 跨文化传播（交流）倾向

"跨文化传播（交流）倾向"维度的问题设计是为了探明新冠肺炎疫情暴发以后美国汉语学习者面对汉语及中国文化时的跨文化交流与传播倾向。借鉴跨文化适应ABC理论（Ward & Furnham, 2001）与跨文化沟通理论的相关实证研究成果，课题组设计了"跨文化身份认知"与"传播与交流实践频率"两项指标进行测量。

在此基础上，本研究设计了一套从整体层面评估美国汉语学习者中国文化认同的问卷，问卷由"人口统计学信息""汉语学习状态""中国文化认同""跨文化传播（交流）倾向"四个部分组成。在正式发放问卷以前，本研究面向20名美国汉语学习者进行了小范围预调查，并请其对问卷设计提出具体意见；课题组针对提出的意见进行针对性修改，再与预调查对象进行交流、共同校对，直到确认问卷问题无歧义，保证问卷问题能准确刻画本课题的核心研究问题之后，才正式发放在线问卷。

（二）抽样实施与研究执行

本课题以在美国学习汉语的美国人为调查对象，以美国的孔子学院和美国高校的东亚系（或者美国高校的中文部）为主要调查场域。鉴于调查对象具有明显的分散性、流动性特征，加之受到客观条件限制，经过科学评估与审慎考虑，课题组委托专业调研建模一体化数据平台Credamo（见数）实施抽样工作。需要说明的是，截至目前，Credamo已经为全球上千所高校提供科研和教育数据服务，服务对象包括麻省理工学院、纽约大学、北京大学、清华大学等顶尖高校的学者，研究论文被顶尖学术期刊录用，可见该数据平台具有较强的专业性与科学性。课题组于2021年5月至2021年7月间，委托Credamo面向全美中文学习者在线发放问卷，最终回收有效问卷共210份。有关这210位调查对象的基本信息如表1所示：

表1 调查对象基本信息统计表

基本信息		人数
性别	男	106
	女	104
年龄（岁）	18~29	99
	30~39	61
	40~49	40
	50~59	7
	60~69	3
教育水平	本科及以下	155
	硕士研究生及以上	55
学习中文时长	不超过两年	118
	超过两年	92
来华经历	没有来过中国	137
	来过中国	73

四、研究结果分析

根据对问卷调查数据的描述性统计分析结果,本文从汉语学习动机与现状、中国文化认同、跨文化传播(交流)倾向三个方面,对美国汉语学习者的汉语学习、与中国相关的人际交往以及他们的中国文化认同现状进行说明与分析。

(一)汉语学习动机与现状

学习动机是影响第二语言习得的重要因素之一,如表2所示,为了理解中国文化而学习汉语的学习者人数最多,占43.81%。其次,37.62%的学习者学习汉语是为了掌握一门日渐普及的外语。另外33.33%的学习者出于交友动机而学习汉语。调查结果显示,美国汉语学习者的汉语学习呈现出较强的工具型动机倾向,研究者推测,这一方面反映出美国人的实用主义倾向,另一方面可能与中国经济的腾飞和语言红利的发掘有所联系。

值得注意的是,有43.81%的汉语学习者表现出以理解中国文化为目的的较强的融合型动机,37.62%选择了"掌握一门日渐普及的外语"选项,这从侧面反映出中文在美国的推广工作取得了一定的成效。语言影响力的大小能够反映国家文化实力的强弱,随着中国综合国力的日渐强盛,汉语的影响力正逐渐提高。

表2 美国汉语学习者的汉语学习动机

选项	人数	比例
A. 掌握一门日渐普及的外语	79	37.62%
B. 从事与中国相关的工作	51	24.29%
C. 与中国人交朋友	70	33.33%
D. 理解中国文化	92	43.81%
E. 去中国旅游	64	30.48%
F. 其他	11	5.24%
本题有效填写人次	210	100%

关于影响汉语学习的因素,问卷结果显示(见表3),文化差异对汉语学习的影响最大,其次是教师的教学方式以及学习者个人的自信心。相比学习的成就感,更多的学习者认为个人的自信心对其中文学习有更大的影响。除此之外,目前全球及美国国内新冠肺炎疫情的蔓延和国际媒体的报道也对中文学习造成了一定程度的影响。

表3 影响汉语学习的主要因素

选项	人数	比例
A. 疫情的持续蔓延	52	24.76%
B. 国际媒体报道	46	21.90%
C. 文化差异	77	36.67%
D. 对中国人的印象	28	13.33%
E. 对中文的兴趣	52	24.76%
F. 教学方式	69	32.86%
G. 个人的自信心	67	31.90%
H. 学习的成就感	34	16.19%
I. 其他	3	1.43%
本题有效填写人次	210	100%

语言认同是一种语言能否保持下去的关键(李宇明、戴红亮,2008),语言认同具体表现为个体或群体对某种语言的使用情况。从表4可知,有超过一半的学习者(53.34%)对中文学习持有良好的学习态度,有44.29%的学习者喜欢在日常生活中使用中文,但仍有近30%(29.05%)的学习者不喜欢在课堂以外使用中文进行交流。

表4 美国汉语学习者的学习态度与习惯

题目	选项				
	1	2	3	4	5
我总是认真地学习中文	11 (5.24%)	27 (12.86%)	60 (28.57%)	69 (32.86%)	43 (20.48%)
我喜欢在日常生活中使用中文	19 (9.05%)	42 (20.00%)	56 (26.67%)	61 (29.05%)	32 (15.24%)

注:1表示"很不同意",5表示"很同意"。

学习一门第二语言是了解一种陌生文化的过程,也是逐渐摆脱刻板印象、重建他者文化形象的认知过程。如表5所示,近一半的学习者(54.29%)认为学习汉语后对中国的整体印象和认知"改变了一点",有30.48%的学习者认为"发生了很大的改变",仅有14.29%的人认为"没有改变"。

表5 中文学习对美国汉语学习者中国整体印象认知的影响

选项	人数	比例
A. 没有改变	30	14.29%
B. 改变了一点	114	54.29%
C. 发生了很大的改变	64	30.48%
D. 其他	2	0.95
本题有效填写人次	210	100%

(二)中国文化认同:对文化符号、交际文化与文化价值观的认同程度

1. 文化符号

文化符号部分题目由两道开放式填空题组成,课题组请调查对象分别列举三个最能代表中国传统文化和当代文化的文化符号。我们认为测评美国汉语学习者对中国文化符号的认知情况,有助于一定程度上了解他们对中国文化形象的认知层次。

表6显示的是频数统计排在前10位的文化符号。总体来看,美国汉语学习者对中国传统和当代文化符号的认知重合度高,长城、大熊猫、灯笼、五星红旗、武术(功夫)、中餐、旗袍等仍然是较为典型的中国文化符号。从文化符号传播角度来看,这反映出中国传统文化符号的传播效果仍然比较显著,但中国当代文化符号的传播效果还不太理想,并且还可以看出中国传统文化符号潜移默化地影响着美国汉语学习者对中国文化形象的整体认知,逐渐成为他们脱口而出的中国传统文化甚至当代文化的"代表"。

表6 传统与当代文化符号的列举频数统计表（前10位）

序号	传统文化符号	频数	比例	序号	当代文化符号	频数	比例
1	长城	41	19.52%	1	大熊猫	25	11.90%
2	大熊猫	34	16.19%	2	灯笼	21	10.00%
3	龙	31	14.76%	3	长城	21	10.00%
4	灯笼	23	10.95%	4	五星红旗	16	7.62%
5	五星红旗	19	9.05%	5	旗袍	13	6.19%
6	中餐	13	6.19%	6	武术（功夫）	11	5.24%
7	武术（功夫）	13	6.19%	7	中餐	11	5.24%
8	孔子	11	5.24%	8	京剧	11	5.24%
9	佛教	8	3.81%	9	中国结	10	4.76%
10	旗袍	9	4.29%	10	科技（发达）	10	4.76%

从中间段的排位数据看，如表7所示，在"当代文化符号"一栏，时代性逐渐突显，抖音、微信（支付）位居前列，高铁、时尚、阿里巴巴、摩天大楼（高楼）、快递等粗略地勾勒出一幅当代中国社会生活图景。但是相较于排在前10位的当代文化符号，真正的当代中国文化形象的缺失或成为汉语学习者突破对中国文化认知定势和刻板印象的一个主要障碍，势必对学习者的中国文化认同造成影响。有专家提出，如果"中国制造"能够成为高品质的指代，"低碳"能够成为当代中国生活方式的象征，那么这些饱含时代精神的符号在其现实意义上就远远超过了龙、功夫、长城等历史符号（隋岩、姜楠，2014）。由此观之，重视对当代中国社会生活的介绍和当代中国文化知识的普及，帮助学习者通过汉语学习与文化交流，主动了解当代中国文化现象，逐渐厘清中国传统与当代文化的传承性脉络，理应成为未来美国中文教学规划的一个重要方向。

表7 传统与当代文化符号频数统计表（第11~40位）

序号	传统文化符号	频数	比例	序号	当代文化符号	频数	比例
11	农历新年（春节）	9	4.29%	11	抖音	8	3.81%
12	京剧	9	4.29%	12	微信（支付）	8	3.81%
13	饺子	8	3.81%	13	高铁	8	3.81%
14	红色	7	3.33%	14	时尚	6	2.86%

续表7

序号	传统文化符号	频数	比例	序号	当代文化符号	频数	比例
15	瓷器	7	3.33%	15	共产主义	5	2.38%
16	中药	6	2.86%	16	瓷器	4	1.90%
17	中国结	5	2.38%	17	红包	3	1.43%
18	家庭	5	2.38%	18	汉字	3	1.43%
19	茶	4	1.90%	19	中药	3	1.43%
20	诚信（信）	4	1.90%	20	饺子	3	1.43%
21	鹤	3	1.43%	21	书法	3	1.43%
22	米饭	3	1.43%	22	社交媒体	3	1.43%
23	荣誉（面子）	3	1.43%	23	阿里巴巴	3	1.43%
24	红包	3	1.43%	24	国歌	3	1.43%
25	生肖	3	1.43%	25	商业化（贸易）	3	1.43%
26	和谐	3	1.43%	26	家庭	3	1.43%
27	书法	3	1.43%	27	川剧变脸	2	0.95%
28	皇帝（秦始皇）	3	1.43%	28	摩天大楼（高楼）	2	0.95%
29	中秋	2	0.95%	29	快递	2	0.95%
30	木兰	2	0.95%	30	网上购物	2	0.95%
31	国徽	2	0.95%	31	上海（东方明珠电视塔）	2	0.95%
32	仁	2	0.95%	32	面子	2	0.95%
33	义	2	0.95%	33	流行音乐	2	0.95%
34	天安门广场	2	0.95%	34	工业	2	0.95%
35	气	2	0.95%	35	毛泽东	2	0.95%
36	僧人	2	0.95%	36	红色	2	0.95%
37	传统服饰（唐装、汉服）	2	0.95%	37	华为	2	0.95%
38	元宵节	2	0.95%	38	英雄联盟（网络游戏）	2	0.95%
39	端午节	2	0.95%	39	电影	2	0.95%
40	汉语	2	0.95%	40	烟花爆竹	2	0.95%

2. 交际文化

文化差异或对跨文化交际产生一定的阻碍。如表8所示，超过一半的调查对象认为中美文化差异大或非常大。而在文化差异明显的跨文化交际中，调查对象认为"真诚"（33.33％）"礼貌"（30％）"人情"（23.33％）是与中国人交流时的重要品质（见表9）。"真诚"高居榜首或与直来直去、真诚待人的典型美式社交原则不无关系，对中国式人情和礼貌的高认可度则表现了美国汉语学习者与中国人交际时策略选择的目的语文化偏向。

表8　美国汉语学习者与中国人交流时对文化差异的感知程度

选项	人数	比例
非常小	1	0.48％
小	11	5.24％
无差异	49	23.33％
大	107	50.95％
非常大	42	20.00％
本题有效填写人次	210	100％

表9　美国汉语学习者与中国人交流时看重的品质

选项	人数	比例
A. 人情	49	23.33％
B. 面子	17	8.1％
C. 真诚	70	33.33％
D. 礼貌	63	30.00％
E. 界限	8	3.81％
F. 其他	3	1.43％
本题有效填写人次	210	100％

表10与表11呈现的分析结果反映出美国汉语学习者与中国人交往时对社交文化的认可度和社交风格。表10显示，大部分美国汉语学习者认可不"仓促地对他们下定论"，"注意他们的含蓄表达"，"不会直接说出"不同意见等社交行为，一改美国人心直口快式的交际风格，而偏向于寻求维持和谐关系。学习者交际行为的选择偏向反映了其社交风格特征（见表11）。在与

中国人交流时，30.48%的学习者认为"完全改变"了自我，20.95%的学习者"有所改变，但也有保留"，其中"坚持自我"的社交风格或是美国文化奉行的个人主义价值观的体现。

表10　美国汉语学习者与中国人交流时对社交文化的认可度

题目	选项				
	1	2	3	4	5
我尊重中国人的社交规范	9 (4.29%)	24 (11.43%)	46 (21.90%)	71 (33.81%)	60 (28.57%)
我会耐心地与中国人交流，而非仓促地对他们下定论	4 (1.90%)	17 (8.10%)	48 (22.86%)	85 (40.48%)	56 (26.67%)
与中国人交流时，我会注意他们的含蓄表达	4 (1.90%)	16 (7.63%)	53 (25.24%)	77 (36.67%)	60 (28.57%)
与中国人交流时，即便不同意他（她）的看法，我也不会直接说出来	6 (2.86%)	20 (9.52%)	68 (32.38%)	60 (28.57%)	56 (26.67%)
中国人和我之间的文化差异性是让我乐见并享受的	4 (1.90%)	18 (8.57%)	57 (27.14%)	88 (41.90%)	43 (20.48%)
我的中文水平越高，就越容易与中国人发展良好的人际关系	6 (2.86%)	9 (4.29%)	46 (21.90%)	84 (40.00%)	65 (30.95%)
本题有效填写人次	33 (2.62%)	104 (8.25%)	318 (25.24%)	465 (36.90%)	340 (26.98%)

注：1表示"非常不赞同"，5表示"非常赞同"。

表11　美国汉语学习者与中国人交流时个人的社交风格倾向

选项	人数	比例
A. 坚持自我	100	47.62%
B. 完全改变	64	30.48%
C. 有所改变，但也有保留	44	20.95%
D. 其他	2	0.95%
本题有效填写人次	210	100%

3. 中国文化价值观

美国汉语学习者在学习中文的同时与显著不同于美国主流文化价值观的中国文化价值观直面"互动",不可避免地经历认知上的冲突甚至陷入认知上的"困境",也在中文水平提高的同时潜移默化地增进对中国文化价值观的认知与理解,并形成他们对中国文化"跨文化认同"(魏岩军,2015)的基础。

本研究对美国汉语学习者对中国文化价值观重要程度的认知情况进行了统计。如表12所示,首先,总体上美国汉语学习者对中国文化价值观持有比较积极的态度。在美国汉语学习者看来,最重要的中国文化价值观依次为"勤劳""与人和谐""诚信""讲人情"。其次,美国汉语学习者认为最不重要的中国文化价值观依次为"爱国""中庸""层级划分"等。可以看出,比起国家与社会层面主流的价值观特征,美国汉语学习者更加认同中国人在为人处事上所持有的价值观念,同时也体现了美国汉语学习者在美国的个人主义和中国的集体主义文化价值观之间存在比较明显的认知差异。

表12 美国汉语学习者对中国文化价值观重要程度的认知情况

题目	选项				
	1	2	3	4	5
爱国	17 (8.10%)	32 (15.24%)	59 (28.10%)	63 (30.00%)	39 (18.57%)
遵循家庭和社会的期望	11 (5.24%)	21 (10.00%)	48 (22.86%)	67 (31.90%)	63 (30.00%)
中庸	11 (5.24%)	14 (6.67%)	59 (28.10%)	85 (40.48%)	41 (19.52%)
服从权威	11 (5.24%)	25 (11.90%)	47 (22.38%)	72 (34.29%)	55 (26.19%)
层级划分	15 (7.14%)	26 (12.38%)	60 (28.57%)	67 (31.90%)	42 (20.00%)
与人和谐	4 (1.90%)	14 (6.67%)	50 (23.81%)	76 (36.19%)	66 (31.43%)
讲人情	6 (2.86%)	11 (5.24%)	56 (26.67%)	78 (37.14%)	59 (28.10%)
护面子	11 (5.24%)	19 (9.05%)	66 (31.43%)	69 (32.86%)	45 (21.43%)

续表12

题目	选项				
	1	2	3	4	5
孝顺	14（6.67%）	28（13.33%）	55（26.19%）	71（33.81%）	42（20.00%）
谦逊	11（5.24%）	12（5.71%）	65（30.95%）	68（32.38%）	54（25.71%）
勤劳	8（3.81%）	9（4.29%）	43（20.48%）	81（38.57%）	69（32.86%）
诚信	4（1.90%）	9（4.29%）	49（23.33%）	84（40.00%）	64（30.48%）
本题有效填写人次	123（4.88%）	220（8.73%）	657（26.07%）	881（34.96%）	639（25.36%）

注：1表示"不重要"，5表示"非常重要"。

（三）跨文化传播（交流）倾向

从语言习得者转变成文化交流者，需要通过语言学习者的跨文化传播实践活动逐步实现。统计显示（见表13），总体上美国汉语学习者进行跨文化传播活动的频率较高，46.92%的调查对象会经常性地进行跨文化传播活动。其中，美国汉语学习者平时分享学习中文的经历的频率最高，其次是分享与传播中国文化知识。据此，我们认为中文知识因对受传者有一定的专业性要求而较少被中文学习者传播，而学习经历与文化差异等内容与个人的日常生活息息相关，因此更易于被理解，传播者与受传者之间可能更容易通过这类跨文化日常生活议题进行交流。

表13 美国汉语学习者的跨文化传播（交流）频率

题目	选项				
	1	2	3	4	5
分享相关的中文知识	14（6.67%）	44（20.95%）	67（31.90%）	60（28.57%）	25（11.90%）
分享学习中文的经历	9（4.29%）	30（14.29%）	66（31.43%）	63（30.00%）	42（20.00%）

续表13

题目	选项				
	1	2	3	4	5
分享与传播中国文化知识	11 (5.24%)	32 (15.24%)	60 (28.57%)	74 (35.24%)	33 (15.71%)
分享与讨论本国与中国之间的文化差异	10 (4.76%)	31 (14.76%)	31 (24.76%)	73 (34.76%)	44 (20.95%)
本题有效填写人次	44 (5.77%)	137 (17.96%)	224 (29.36%)	214 (28.05%)	144 (18.87%)

注：1表示"从不"，5表示"总是"。

关于美国汉语学习者对学习汉语后自我认知与文化身份期待的情况，数据显示（见表14），61.43%与55.24%的调查对象希望在学习汉语以后，能更加了解中国的语言和文化、增进本国人与中国人之间的相互了解；29.52%的学习者则对自己赋予了更高的期许，希望成为一名跨文化交流者。

语言与文化相互依存，紧密结合，国际中文教育的初心是面向全球开展中文教学、服务中外文化交流互鉴（李宝贵、刘家宁，2021）。从本研究中语言学习者的学习目的来看，美国汉语学习者呈现出了比较明显的文化导向，即通过语言学习来更准确、深入地理解中国文化，这与国际中文教育的初心或者目标不谋而合。因此，在新形势下，结合"后疫情时代"的特殊语境，科学设计具有针对性、趣味性，中国传统与当代文化有机结合的语言文化教学方案就显得非常重要。

表14 美国汉语学习者希望提升的跨文化能力

选项	人数	比例
A. 更加了解中国的语言和文化	129	61.43%
B. 增进我国家的人与中国人之间的相互了解	116	55.24%
C. 成为一名跨文化交流者	62	29.52%
D. 其他	3	1.43%
本题有效填写人次	210	100%

五、研究结论

健康理性的中美关系不仅符合双方利益,也是国际社会的共同期盼。就当下的国际形势而言,中美关系依然错综复杂,充满变数。本文立足中美关系新形势,结合课题组调研结果,对国际中文教育在美国的发展进行以下思考并提出相关建议。

(一)重视中美经济贸易合作关系,持续挖掘国际中文教育的社会经济效益

中国与美国作为全球两大经济体具有高度互补性。在全球疫情依然蔓延的情况下,中国对美出口不降反升,2021年前8个月中国对美出口进一步加速,增长22.7%;在最近的一次调研中,三分之二受访在华美国企业表示将继续扩大对华投资。[①] 在国家发展层面高度重视与美国的经贸关系,不仅能为汉语国际推广事业创造更友好有利的社会经济环境,而且能带动汉语国际推广和中国文化传播。综上,立足中美两国经贸合作的新形势,建议国际中文教育机构将中文教育与发展中美贸易紧密挂钩,密切关注美国民众与美国跨国企业的中文学习需求与动因,一方面,推进新时代新形势下"当代中国经济""中国商务文化""经贸汉语"等经贸类课程的建设,并结合典型的中美经贸合作案例开设专门的商业案例讨论课程;另一方面,我们建议国际中文教育机构与在美中国企业、在华美国企业建立紧密的合作关系,定期为美国汉语学习者提供参观实习机会,引领学习者直观而深入地理解中美两国的跨国企业文化,提升学习者的跨文化经贸素养,并循序渐进地构建科学严谨的经贸类中文人才培育机制,向中美两国输送优秀的跨文化经贸人才。

(二)科学对待中美文化差异,塑造具有传承性与对话性的"文化中国"形象

国际中文教育机构在应对中美两国文化差异给中文学习带来的种种挑战时,首先,应重视发挥中文教师在协调与沟通文化差异过程中的重要媒介作

---

① 详见"商务部:相关商会报告显示,近三分之二企业计划扩大在华投资",红星新闻,2021-8-19。

用，注重培养中文教师的"文化译转"能力，使其形成理性的文化间沟通意识与灵活的异质文化协商力；其次，定期评估美国汉语学习者对中国文化、中美文化差异的认知程度，以便动态把握汉语学习者的跨文化认知发展情况，准确把控文化差异所产生的负面影响，发挥文化差异的积极作用；再次，针对部分西方媒体刻意扭曲中国形象的情况，要科学审慎地给予有理有据的矫正与纠偏。

为帮助美国汉语学习者更全面地理解中国，国际中文教育从业者有必要以"中文+"理念为切入点，在中文教学的基础上，以语言带文化，以点带面地向学习者呈现与讲述中国社会文化的"变"与"不变"，带领学习者循序渐进地有机勾连起中国传统文化与当代文化要素，厘清与理解语言演变与文化发展中的古今传承性，创造"文化中国"的理解、接受与分享路径，从而塑造真实、立体、全面的中国形象。

（三）构建中国故事国际传播的有机通道，引领美国汉语学习者积极传播中国文化

美国汉语学习者是连接中美的重要"桥梁人群"，相比非汉语学习者，他们对中国具有更深入的理解，同时又与其他美国民众具有话语共同点、情感共鸣点。因此，我们建议国际中文教育机构结合美国中文教学环境的实际情况，培养美国汉语学习者对中国故事的主动输出能力；同时，拓展"中国故事"的在线输出渠道，构建中国故事国际传播的有机通道，引领汉语学习者积极传播中国文化。

第一，构建"产出导向型"中文教学体系，鼓励美国汉语学习者主动输出中国故事。在中文教学过程中，中文教师需要通过多层次、多维度的教学设计将中国故事资源有机转化为适于美国汉语学习者吸收的学习内容，引导学习者主动进行"中文学习经历""中国传统文化""中国当代文化""中美经贸合作"等中国故事主题的创作，帮助学习者在理解故事的基础上化"输入"为"输出"，让学习者从单一的中国故事聆听者转变为主动的中国故事"生产者"与"讲述者"，实现中国故事文化意义的再生产。

第二，为学习者讲述中国故事提供先进而稳定的数字化传播平台。"中国故事"的讲述与交流不能只局限于中文课堂，而应充分发挥新媒体平台的技术可供性优势。例如，在国际中文教育机构既有数字化平台的基础上，创建与中美两国视频网站、社交媒体平台、短视频APP等新媒体平台的常态

化合作机制,共同开发更加立体多维的"中国故事"传播渠道,鼓励美国汉语学习者参与不同形式的"中国故事"交流与传播活动,在与更多来自不同文化的汉语学习者的交流互动过程中"生产"新版本的"中国故事",积极传播中国文化,共建真实、多元、立体、生动的中国形象。

参考文献:

陈默. 认同对汉语二语学习者口语复杂度、准确度和流利度的影响[J]. 语言教学与研究,2020(1):23-35.

陈默. 第二语言学习中的认同研究进展述评[J]. 语言教学与研究,2018(1):18-29.

陈天序. 非目的语环境下泰国与美国学生汉语学习动机研究[J]. 语言教学与研究,2012(4):30-37.

丁安琪. 目的语环境下汉语学习动机增强者动机变化分析[J]. 语言文字应用,2015(2):116-124.

古迪昆斯特·W B. 跨文化交际理论建构[M]. 上海:上海外语教育出版社,2014.

李宝贵,刘家宁. 区域国别中文国际传播研究:内涵、进展与优化策略[J]. 语言文字应用,2021(1):44-55.

李宇明,戴红亮. 关注本土语言调查关心现代语言生活——读《基诺族语言使用情况现状及其演变》[J]. 中央民族大学学报(哲学社会科学版),2008(2):113-116.

隋岩,姜楠. 能指的丰富性助力意识形态传播[J]. 新闻与传播研究,2014,21(8):93-98+128.

刘学蔚. 游牧·块茎·无根——西方文化旅居者在华实践研究[J]. 武汉大学学报(人文科学版),2016,69(3):122-128.

陶建杰,尹子伊. 中国文化软实力:国际评价、传播影响与提升策略[J]. 现代传播(中国传媒大学学报),2020,42(7):51-55.

王沛,胡发稳. 民族文化认同:内涵与结构[J]. 上海师范大学学报(哲学社会科学版),2011,40(1):101-107.

魏岩军,王建勤,朱雯静. 不同文化背景汉语学习者跨文化认同研究[J]. 华文教学与研究,2015(4):38-47.

俞玮奇. 来华留学生汉语学习动机减退的影响因素研究[J]. 语言教学与研究,2013(3):24-31.

赵欣. 在华旅居者隐性偏见的实验研究及跨文化分析[J]. 新闻与传播研究,2014,21(2):56-69+127.

赵云泽,滕沐颖,赵菡婷,等. "桥梁人群"对中国品牌的跨文化传播的影响研究[J]. 国际新闻界,2015,37(10):65-78.

GARDNER R C, LALONDE R N, MOORCROFT R. The role of attitudes and motivationin second language learning: correlational and experimental considerations [J]. Language Learning, 35 (2): 207−227, 1985.

Hecht M L, Warren J R, JUNG E, KRIEGER J L. The Communication theory of Identity: development, theoretical perspective, and future directions. GUDYKUNST W B. The orizing about intercultural communication, 2005.

WARD C A, Bochner S, FURNHAM A. The psychology of culture shock [M]. Psychology Press, 2001.

LIU Y, KRAMER E. (2019). Cultural value discrepancies, strategic positioning and integrated identity: American migrants' experiences of being the otherinmainl and China, Journal of International and Intercu.

作者简介：

  杨恬，四川大学海外教育学院副教授，硕士研究生导师，主要研究方向为国际中文教育、新媒体与跨文化传播；

  马小钰，四川大学文学与新闻学院硕士研究生，主要研究方向为新媒体与社会文化。

红色歌曲融入来华留学生教育的价值与教学策略研究

杨晓琳[1]　李　韵[2]

1　四川大学艺术中心；2　四川大学海外教育学院

摘　要：本文以高校思政建设为背景，探讨红色歌曲融入来华留学生教育的价值与教学策略。红色歌曲拥有超越国界的音乐魅力，体现了中国人民对幸福的追求以及各具特色的地域文化，在留学生思政教育中具有促进对华认识、强化友华体验、达成爱华情感的重要价值。本文认为面对来自异文化背景的留学生群体，红色歌曲的教学应注重受众特点，实现乐史互参，重视学生的参与互动。

关键词：红色歌曲；思政教育；留学生；价值；策略

The Value and Teaching Strategy of Integrating Revolutionary Songs into International Students' Education

Yang xiaolin[1]　Li Yun[2]

1　Art Education Center of Sichuan University；
2　School of Overseas Education，Sichuan University

Abstract：In the context of the ideological and political construction in universities，this paper discusses the value and teaching strategies of revolutionary songs in the education of international students in China. Revolutionary songs with the musical charm beyond the national boundaries reflect the Chinese people's pursuit of happiness and the distinctive regional cultures in China. In the ideological and political education of international students, revolutionary songs have an important value to promcte the students' understanding of China and achieve the emotion of love for China. In the face of foreign students from different cultural backgrounds, the teaching of revolutionary songs should focus on choosing the appropriate songs according to the characteristics of the students and explore the background of the music creation and pay attention to the students' participation and interaction.

Keywords: revolutionary song; ideological and political education; international students; value; teaching strategy

一、引言

我国教育部于 2020 年 6 月颁发了《高等学校课程思政建设指导纲要》（简称《纲要》），提出要把思想政治教育贯穿人才培养体系，全面推进高校课程思政建设，发挥好每门课程的育人作用，提高高校人才培养质量。《纲要》指出：培养什么人，怎样培养人，为谁培养人是教育的根本问题，立德树人成效是检验高校一切工作的根本标准。为落实立德树人根本任务，必须将价值塑造、知识传授和能力培养三者融为一体。全面推进课程思政建设，就是要寓价值观引导于知识传授和能力培养之中，帮助学生塑造正确的世界观、人生观、价值观。可见，加强思想政治教育既是对全国高校教育工作的总要求，也是不同专业课程内容的核心要素。

教育部公开数据资料显示，2018 年，全国 31 个省（市、区）的 1004 所高校共接收了来自 196 个国家和地区的 492185 名外国留学人员，比 2009 年翻了一番，而来华留学支出预算也从 2012 年的 15.5 亿元增加到了 2019 年的 39.2 亿元，增幅近 1.5 倍。① 可见，来华留学生教育已经成为我国高校教育的重要组成部分，同样以立德树人为根本任务。不过，留学生们来自

---

① 中华人民共和国教育部官方网站："2018 年来华留学统计". http://www.moe.gov.cn/jyb_xwfb/gzdt_gzdt/s5987/201904/t20190412_377692.html.

不同的文化背景，因此其思政教育的目标、内容与方法都必然有别于我国学生。对此，已有研究主要从宏观层面出发进行了探索，指出现有留学生思政教育中存在制度不完善、内容单薄、师资缺乏、满意度不高等问题（陈璇冰，2022），提出应基于"知华、友华、爱华"的理念，建构既符合思想教育一般规律，又具有留学生教育特色的教学管理模式（章津、陈晔、蒋小梅等，2022）。不过，已有成果对留学生思政教育的微观层面，包括教学内容与策略等还关注较少。鉴于此，本文将在高校思政建设的背景下，基于教学实践案例，对红色歌曲融入来华留学生教育的价值与教学策略展开讨论。

二、红色歌曲在来华留学生教育中的价值

思政教育是来华留学生培养中的一个重要环节，关系到来华留学生是否能成为真正的"知华、友华、爱华"的国际人才。然而"教什么"和"怎么教"是当前留学生思政教育亟待解决的问题。对此，我们认为应该以通识课程的形式将红色歌曲融入留学生思政教育。红色歌曲"主要指五四运动以来中国各历史时期的革命歌曲，如红军歌曲、抗日歌曲、解放歌曲、社会主义时期和改革开放以来的各种积极正面的歌曲，此外，还包括世界各国革命经典歌曲"（马克、徐德馨，2021），能够凭借其超越国界的音乐魅力，对和平、幸福等的追求以及地域文化的展示成为留学生思政教育的重要内容。

（一）以超越国界的音乐魅力传播中华文化

音乐自古以来就是重要的美育及思想道德教育载体。与语言相比，音乐作为传播工具，天然具有受众范围广、环境受限小、推广途径多等特点。

作为特色音乐作品，红色歌曲具有超越国界的艺术性，在旋律节奏、创作结构、情感传递等方面形成了强烈的审美特征。有的红色歌曲通过整齐的结构、鲜明的旋律抒发昂扬的思想情感；有的则婉转优美，舒展宽广，抒发出悠远绵长的情感；有的在跌宕起伏、变化重复中显示出坚强的决心。例如，我国国歌《义勇军进行曲》，伴随着音调上行的三次"起来"，像冲锋号一样激励着一代代中国人。总之，人们在欣赏各具风格的红色歌曲时，不仅能获得强烈的审美体验，还能充分感受到中华文化的进步性与生命力。

留学生能够在红色歌曲的欣赏中获得强烈的审美体验，产生了解中国革命历程的兴趣，体会中国人民对当前幸福生活的珍惜之情，从而在"知华"

的基础上对中国及中国人民产生同理心，进入"友华"的心理状态。

（二）以积极进取的正能量传递中华精神

除了审美价值，红色歌曲更是中国共产党艺术实践的结晶，体现了中国共产党的革命精神与文化资源，具有无可替代的精神价值。红色歌曲高举爱国主义旗帜，紧扣时代脉搏，能够充分反映时代的主旋律，体现红色基因。而红色基因正是爱国主义的根脉，也是中华民族的民族魂。当红色歌曲响起，歌词中记叙的革命历史会一一重现。幸福是全世界人民的共同追求，红色歌曲能够让不同文化背景的听者感受到中华民族的生命力、创造力和凝聚力。例如创作于新中国成立初期的《歌唱祖国》就唱出了中国人民对祖国未来充满希望的美好心声，歌曲结尾处以一句气势豪迈的"我们团结友爱坚强如刚"唱出了人民群众积极进取的精神气质。

不难发现，当人们对某种文化产生认同时，其思维和行为模式也会逐渐趋同，形成强大的凝聚力和向心力。因此，红色歌曲的教学不仅能够提升留学生对音乐的感知能力，更能以其中蕴含的革命精神、奋斗精神和民族精神鼓舞留学生不畏艰难，积极奋斗，因而对其人文精神、道德人格的培养都具有深远的教育价值。

（三）以生机勃勃的民歌展示地域文化

具有地方特色的风格绚丽的民歌是各族人民音乐智慧的结晶，也是红色歌曲的重要来源。当《太阳出来喜洋洋》中"太阳出来喽哦，喜洋洋哦"这种极具四川特色的歌声响起的时候，欣赏者顿时能感受到舒展的节奏、上口的旋律，进而体会到四川人民热爱生活和乐观向上的精神。而陕北民歌《南泥湾》那婉转的调子则诉说着开拓者筚路蓝缕的艰辛与勇敢奋斗的乐观主义精神，是"延安精神"的最佳写照，与陕北人民的性格特点及文化传统相吻合，必能引起来自不同文化背景的人们的共鸣。

因此，"一方水土养一方人"，红色歌曲的教学还能让留学生体验到中华文化的多元与丰富。

三、红色歌曲的教学设计

音乐不仅是一门听觉艺术，音乐鉴赏也不仅仅是欣赏音乐，而是要理解音乐背后的社会现实与文化内涵。对留学生的红色歌曲的教学应立足新时代课程思政建设，将音乐素养与思想政治的培养相融合。因此，应在歌曲欣赏的基础上，重点讲述歌曲的文化起源、表现形式和鉴赏方法等，将"立德树人""人文立课""价值引领"三个重要原则"润物细无声"地落实到教学活动的每个环节。

（一）歌曲选择突出受众特点

针对留学生群体的特点，结合思政教育的规律，我们认为红色歌曲的选择应注重审美性与时效性。例如《我和我的祖国》已经有各种演唱版本的演绎，民族唱法的版本优美抒情，富于传统之美，而通俗唱法的版本则诚挚深情，符合当代年轻人的审美偏好。歌曲中用不同的比喻，描述了"小我"对祖国母亲的依恋之情，将抽象的情感落实到日常生活之中，有利于留学生结合自身经历充分理解中国人民的情感与追求。

另外，与这首歌曲同名的电影也是传播主旋律的佳作，讲述了不同时期中国人拼搏奋斗的故事。因此，在教学中将歌曲与电影相结合，能更好地引起留学生的学习兴趣。此外，舞剧《永不消逝的电波》、话剧《待放》中的部分选段等，都适合作为留学生红色歌曲教学的材料。

（二）歌曲解读实现乐史互参

红色歌曲是我国红色文化的重要载体和表达方式，记录着中华民族抵御外敌、反抗侵略、反对压迫、勇于抗争、敢于开拓进取的奋斗史，是中华民族在斗争过程中形成的宝贵精神财富（邹霞，2022）。因此，在教学中应注意挖掘音乐背后的红色历史故事。例如，歌曲《春天的故事》就以舒缓的曲调讲述了在邓小平这位"改革开放总设计师"的领导下，中国各行各业发生的巨大变化。

同时，对红色歌曲中历史内涵的讲解，还应注重对其中的精神气质进行不同维度的解读。例如歌曲《龙文》回顾了中华传统文化的著名典故，以"丝路到敦煌，先人是炎黄"等歌词表达出当代中国人对传统文化的自信与传承。这些讲解能够增进留学生对中国社会的了解，加深其对中华文化的理解，并在潜移默化中形成"友华"的体悟。

（三）课堂教学注重参与互动

在面向留学生的红色歌曲教学中，应通过播放相关音视频丰富课堂形式，引导学生了解作品的创作背景与艺术精神。此外，还可以引领学生走进音乐厅近距离观摩艺术作品，如歌剧《江姐》、舞剧《永不消失的电波》等，充分调动留学生参与的积极性。

除此之外，还应充分利用音乐教育强交互性的特点，鼓励留学生将音乐与日常实践相结合，借助翻转课程、课堂词云、期末小论文《我与音乐的故事》等课堂内外的互动环节提高学生的参与度，让留学生在资料收集、才艺展示以及课后反思过程中，深切感受红色歌曲背后的深刻情感和深厚文化，丰富自己的精神世界，成为高水平、高素质的跨文化交际人才。

四、典型案例分析

我们以经典红色歌曲作品《保卫黄河》的教学设计作为完整案例，分析如何在通识课中将红色歌曲融入留学生的思政教育。

首先，介绍这首歌曲的创作背景。在中国近现代历史上，伴随不断发展壮大的革命运动，中国音乐家也在持续探索具有中国民族特色与时代精神的创作形式。以聂耳、冼星海为代表的音乐家，创作出了许多反映人民心声、具有鲜明艺术特色的歌曲、器乐曲、合唱曲等。在席卷全国的抗日救亡运动中，这些作品发挥了重要的作用，点燃了群众歌咏运动之火。由光未然、冼星海创作的歌曲《保卫黄河》，采用齐唱、轮唱的演唱形式，具有明快乐观的音乐形象与鼓舞人心的音乐魅力，在中华民族的危难时刻奏响了救亡图存的响亮号角。

其次，揭示出红色歌曲中的思政元素。《保卫黄河》以民间打击乐节奏和广东狮子舞音乐旋律为素材，曲调简洁跳跃，节奏短促有力，显示出明快、豪放的艺术特色。在整个黄河套曲中，这首歌曲是一个亮点。整部合唱的基调是痛苦的、悲壮的。但如果是全色的悲，则无以照亮斗争的前景。而这首曲子，就打破了这种格局，使大合唱在情感的抒发上富于变化。歌曲中反复唱到"风在吼，马在叫，黄河在咆哮，黄河在咆哮"，而且一浪高过一浪，就像黄河势不可挡的滚滚怒波，象征着无数仁人志士正源源不断地奔赴抗日前线。结尾处以"保卫黄河，保卫华北，保卫全中国"达到高潮，表达出中国人民最终必将战胜敌人、夺取胜利的豪情，体现出强烈的乐观主义精神。

最后，在课堂教学中向留学生展示由中国歌剧舞剧院合唱团在纪念中国人民抗日战争暨世界反法西斯战争胜利75周年之际演唱的《保卫黄河》视频。引导留学生思考保卫黄河对中国人意味着什么。请留学生讨论"在自己国家，有没有这样一首表达民族救亡图存的歌曲？"等问题，进一步突出向往和平与人类命运共同体的主题。

五、结论

课程思政的方法是显隐结合，目的是通过思政教育在各个教学过程中的渗透和贯彻，将先进的文化观、正确的政治观、社会观和国家民族观与各个学科教学相结合，进而潜移默化地对学生进行思想教育和素质教育。

红色歌曲在留学生的思政教育中具有认知、审美与情感等多维价值，能够以超越国界的音乐魅力传播中华文化，以积极进取的正能量传递中华精神，以生机勃勃的民歌展示地域文化。在教学过程中，应精心挑选出体现时代精神与民族精神的音乐作品，借助动人的旋律引导留学生体悟中国的红色基因，同时塑造留学生积极正确的世界观、人生观、价值观。

参考文献：

陈璇冰. 来华留学生思想政治教育问题及策略探讨［J］. 大众文艺，2022（3）：152－154.

马克，徐德馨. 红色歌曲的艺术特色占传承意义——以王莘《歌唱祖国》为例［J］. 当代音乐，2021（6）：13－15.

章津，陈晔，蒋小梅，等. 基于"三全育人"理念的来华医学留学生思想教育"四位一体"模式初探［J］. 浙江中医药大学学报，2022（2）：211－214.

郑爱华. 将红色歌曲融入高校党史学习教育的价值与路径［J］. 中国高等教育，2022（1）：46－48.

邹霞. 红色歌曲的思政教育价值研究［J］. 中学政治教学参考，2022（15）：11－12.

作者简介：

杨晓琳，四川大学艺术中心副教授，研究方向为艺术教育；

李韵，四川大学海外教育学院副教授，研究方向为国际中文教育。

汉语作为第二语言学习者的中华文化认同研究现状分析
——基于 CiteSpace 的可视化分析

潘毓昉[1]　雷　莉[2]

1　四川大学文学与新闻学院；2　四川大学海外教育学院

摘　要：本文运用可视化分析软件 Citespace 5.7.R5 对 2000—2020 年中国知网期刊全文数据库中汉语作为第二语言学习者的中华文化认同相关论文进行统计分析，并在此基础上通过关键词共现分析和类聚分析绘制知识图谱，以期厘清及展现当前该领域的研究热点和研究方向。

关键词：中华文化认同；汉语学习者；Citespace

On the Research Status of Chinese Cultural Identity Among Learners of Chinese as a Second Language
—Visual Analysis Based on CiteSpace

Pan Yufang[1]　*Lei Li*[2]

1　School of Overseas Education, Sichuan University;
2　School of Literature and Journalism, Sichuan University

Abstract: This paper uses the visual analysis software Citespace 5.7. R5 to make a statistical analysis of the papers related to the Chinese cultural identity of Chinese as a second language learners in the CNKI journal full-text database from 2000 to 2020. Co-occurrence analysis and cluster analysis are used to draw knowledge maps, in order to clarify and display the current research hotspots and research directions in this field.

Keywords：Chinese cultural identity；Chinese language learners；Citespace

一、引言

文化认同指的是个体对群体中的知识、价值观、习惯、风俗、思维等方面的认可与接纳。文化认同有狭义与广义之分。狭义的文化认同指的是对本民族文化的认同，广义的文化认同是在跨文化背景下的对目的语文化的接纳、认可与不排斥（郑晓云，1992）。文化认同作为实施"一带一路"倡议及构建人类命运共同体的重要因素，在促进中外民心相通、助力人文交流方面发挥着积极作用。探究汉语作为第二语言学习者的中华文化认同研究现状不仅对国际中文教育学术研究及教学实践具有重要的应用价值，更对"一带一路"倡议的实施及人类命运共同体理念的践行具有重要的战略意义。本文着眼于广义的文化认同，通过可视化软件Citespace对2000—2020年中国知网期刊全文数据库中汉语作为第二语言学习者的中华文化认同相关研究进行分析，以期为掌握该领域研究热点及研究方向提供参考。

二、研究工具及数据来源

（一）研究工具

本文采用陈超美教授团队开发的可视化软件Citespace5.7.R5对2000—2020年中国知网期刊全文数据库中汉语作为第二语言学习者中华文化认同相关研究进行关键词共现分析和类聚分析，并基于此绘制可视化图谱，在图谱及文献梳理的基础上分析该研究领域的研究热点及研究方向。

（二）数据来源

本文数据来源于中国知网期刊全文数据库，为保证数据完整，本文在中国知网期刊全文数据库检索中，以"中华文化认同""留学生""汉语学习者"等主题词进行共词模糊检索，经手动剔除不相关论文，最终获得

2000—2020 年有效论文共 156 篇。

三、研究分析

（一）时间分布

汉语作为第二语言学习者的中华文化认同相关研究始于 20 世纪末，初期发展缓慢，2010 年后发展较为迅速。如图 1 所示，从 2000 年到 2020 年相关论文的发文量总体处于上升趋势。2000—2011 年，汉语作为第二语言学习者的中华文化认同研究发文量较少，除了 2006 和 2009 年达到 4 篇以外，其余年份基本保持在 1~2 篇。2012—2020 年，发文数量总体呈上升趋势，2019 年达到高峰，数量为 28 篇。然而，相关研究发文量波动较大，2012 发表论文为 12 篇，2013 年下降至 4 篇，而到 2019 年上升至 28 篇，2020 年下降至 19 篇。

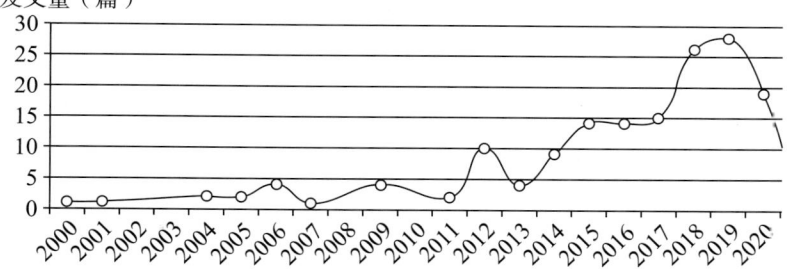

图 1　2000—2020 年汉语作为第二语言学习者的中华文化认同研究发文量趋势图

由此可见，近些年国际中文教育的持续发展对汉语作为第二语言学习者的文化认同研究发展具有助推作用，相关研究数量总体呈上升趋势。然而，通过数据分析可见，总体而言，针对汉语作为第二语言学习者中华文化认同的研究数量比较有限，且波动较大。

（二）研究热点

关键词是一篇论文内容的高度概括，通过对关键词的分析，读者能够清晰地了解该论文的主要研究内容。关键词出现的频率越高，该内容的研究热度也越高。此外，中心度同时可展现该领域的研究热点，关键词的中心度越高，起连接与传递信息作用的关键词越多，在整个网络中的"媒介"能力越强（赵俊芳、安泽会，2014）。本文采用 Citespace 对关键词进行共现分析，得出可视化共现（图2）。该图谱生成 261 个节点、407 条连线。节点代表关键词，关键词出现的频率越高，节点越大。线条代表关键词之间的共现关系，线条越粗表示共现关系越明显。

依据关键词频次（3次以上）和中心度（0.01）制作出表1。由表1可以看出，2000—2020年中国知网期刊全文数据库收录的 156 篇汉语作为第二语言学习者的文化认同相关论文中，关键词出现3次以上、中心度高于 0.01 的关键词共有 24 个。其中最高的是"文化认同"，出现频次为 62，然后由高到低分别为"汉语学习""留学生""中华文化""学习动机""中华文化认同""华文教育"等。按关键词中心度排序，中心度最高的关键词为"文化认同"，然后由高到低分别为"华文教育""认同""汉语学习""学生动机""留学生""跨文化交际"等。而由关键词共现图（图2）可以看出，虽然存在一些频率、中心度较高的关键词，但因指示性不强、所指较模糊或内容相似，在分析时应去除这些关键词，如"认同""中华文化""中华文化认同"等。因此，可以判定"汉语学习""中华文化""学习动机""华文教育""留学生""跨文化交际"等为本领域中热点关键词及重点关注内容。

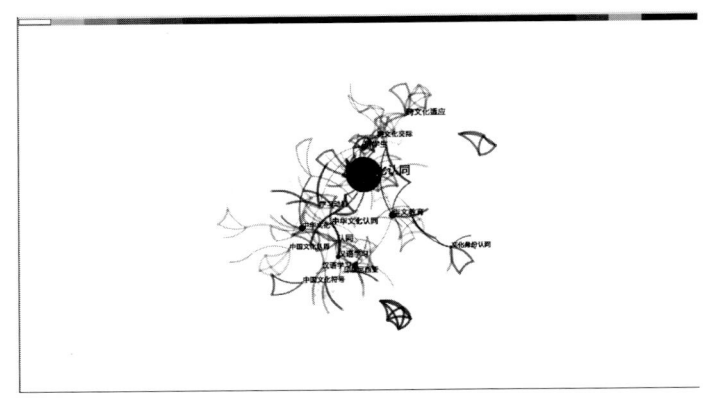

图 2　关键词共现图

表 1　2000—2020 年汉语作为第二语言学习者中华文化
认同研究中高频次和高中心度关键词表（前 24 位）

序号	频次排序			中心度排序		
	关键词	频次	中心度	关键词	频次	中心度
1	文化认同	62	0.49	文化认同	62	0.49
2	汉语学习	11	0.22	华文教育	3	0.27
3	留学生	11	0.17	认同	8	0.23
4	中华文化	10	0.10	汉语学习	10	0.18
5	学习动机	8	0.18	学生动机	3	0.17
6	中华文化认同	8	0.13	留学生	4	0.16
7	华文教育	8	0.27	跨文化交际	11	0.13
8	认同	7	0.23	中华文化认同	7	0.10
9	中国文化认同	6	0.06	中华文化	2	0.10
10	文化身份认同	5	0.05	跨文化适应	8	0.09
11	印度尼西亚华裔青少年	5	0.01	汉语学习动机	2	0.09
12	文化身份认同	5	0.05	泰国留学生	2	0.09
13	汉语学习者	4	0.07	新生代	2	0.08
14	跨文化认同	4	0.02	汉语学习者	4	0.07
15	跨文化适应	4	0.10	印度尼西亚	3	0.07
16	华裔青少年	4	0.02	新加坡	2	0.07
17	身份认同	4	0.01	中国文化认同	6	0.06
18	华裔	3	0.03	文化身份认同	5	0.05
19	对外汉语教学	3	0.02	国家认同	3	0.05
20	印度尼西亚	3	0.07	文化背景	2	0.05
21	国家认同	3	0.05	影响因素	3	0.04
22	影响因素	3	0.04	华裔留学生	2	0.04
23	华裔	3	0.03	相关性	2	0.04
24	二语习得	3	0.03	二语习得	3	0.03

（三）研究方向

关键词的聚类分析能够解释该领域的知识结构，本文根据 Citespace 对关键词进行聚类分析得到关键词聚类视图 3。

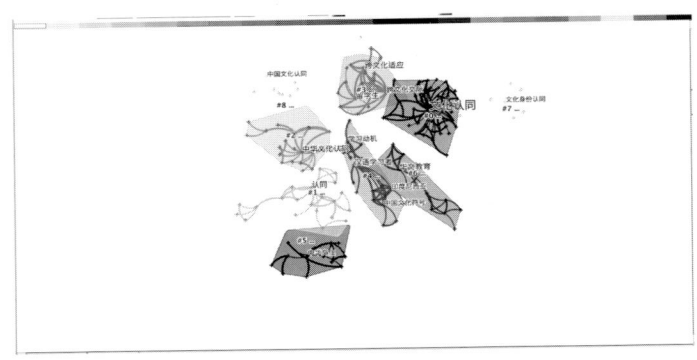

图 3　关键词聚类图

图 3 中，harmonic mean（Q，S）＝0.9157，一般来说，Q 值在（0，1）区间内，Q＞0.3 就意味着划分出来的社团结构是显著的，当 S 值在 0.7 时，聚类是高效率令人信服的，若在 0.5 以上，聚类一般认为是合理的（陈悦、陈超美、刘则渊等，2015）。此外，H 值也是判定聚类的重要依据之一，H 值大于 0.8 说明聚类效果较好，因此，该数据说明本文聚类比较成功。

聚类编号代表聚类的规模，编号越小表示该聚类包含的关键词数量越多。基于关键词构建的聚类分析得到以下 9 个聚类：文化认同、认同、中华文化认同、跨文化适应、学习动机、中华文化、建构观、外语教学、中国文化认同。在分析关键词共现图和类聚图以及文献阅读的基础上可知，汉语作为第二语言学习者的中华文化认同相关研究内容主要集中在以下四个方面。

1. 汉语作为第二语言学习者的中华文化认同情况研究

中华文化认同相关研究主要兴起于 20 世纪 80 年代，研究内容主要集中于国内各民族的文化认同以及中国对于外国文化的认同，而针对外国人对中华文化认同的研究及与留学生文化认同相关的研究并不多。汉语作为第二语言学习者的中华文化认同研究的对象主要包括华裔和华人、来华留学生以及海外汉语学习者。

第一，华裔和华人的文化认同研究。

曹云华（2001）从文化适应的角度对东南亚华人和当地民族的关系进行了探究，他发现随着近几年中华文化在东南亚国家的复兴，出现了华人重新回归的现象，具体体现为华人非常强调自己的华人身份。王爱平（2004）探讨了印度尼西亚华裔青少年的宗教信仰、生活习俗和文化认同问题。调查显示印度尼西亚华裔青少年有较强的华人认同遗失现象，与此同时也在接受西方的思想观念与生活习惯。颜春龙（2006）以《联合早报》为个案分析华文报刊对华人文化认同的影响。吴灵（2016）以华文媒体《红杉林·美洲华人文艺》为个案，研究并探讨华文媒体如何促进华人的文化认同构建，并针对华文媒体的不足提出针对性策略。

第二，来华留学生的文化认同研究。

针对来华留学生的中华文化认同研究相对较少。杨军红（2005）在实证调查的基础上对来华留学生适应问题提出了政策建议，为我国留学生的教育发展提出了建设性意见，该研究具有重要的实践意义。韦歆（2013）通过调查问卷的方式调查了上海一所大学的 298 名留学生对中国文化的认同度，并从如何提高高校留学生管理水平的角度进行了分析。调查发现，留学生文化认同度较高，其中最高的是留学生对中国的总体印象，并且留学生的文化认同与高校留学生管理水平呈显著相关。

第三，海外汉语学习者的文化认同研究。

二语学习者特别是非华裔的文化认同情况，是汉语作为第二语言学习者中华文化认同相关研究关注的重点。本文中海外汉语学习者指的是非目的语语言环境下的非华裔的汉语学习者。韩愈（2012）提出传媒需要树立"泛中国文化"的文化形象，以此来提高海外汉语学习者的有效文化认同。梁琪（2015）以问卷调查和访谈的方式对菲律宾主流中学学生的文化认同进行了调查，结果显示学生在情感态度上认同度较高，对中国文化具有较大兴趣，但是具体行为上比较消极。

综上可见，随着国际中文教育的逐步发展，近些年关于中华文化认同的研究逐步增多，主要以华裔为对象，非目的语环境下及非华裔的汉语学习者的中华文化认同研究较为有限。

2. 汉语作为第二语言学习者的中华文化认同与学习相关性研究

中华文化认同与学习相关性研究是该领域的研究热点之一。部分学者认为文化认同一定程度上能够给学习动机带来正面影响。王爱平（2000）调查了来华学习的东南亚华裔学生的学习动机,认为华裔学生的文化认同是最重要的动机之一。黄煜(2012)调查了广西师范大学印度尼西亚华裔学生和印度尼西亚万隆基督立人教学校华人学生的文化认同情况,并将其划分为华人身份认同、中华传统文化认同和汉语言认同。结果表明,印度尼西亚华裔青少年具有较高的文化认同感,并且这种文化认同感对其汉语学习有着不可忽视的影响。庄颖(2012)通过问卷调查与个别访谈的方式,考察了暨南大学华文学院华文教育系缅甸、老挝、柬埔寨华裔留学生对中国文化的认同情况,并根据情况分析提出相应建议,结果显示华裔留学生对中国文化的认同与学习的深入成正比。吴歆恬(2020)通过调查问卷的方式研究东南亚华裔留学生的汉语学习动机影响因素,认为文化认同因素对学习者学习动机的影响较弱。

该领域的研究对象除了华人和华裔之外,还包括非华裔来华留学生。陶宇坤(2014)研究了泰国留学生汉语学习动机与对中国文化认同的相互关系,并对汉语教师提出相应教学建议。该研究认为泰国留学生对中国文化认同度较高,学习动机较强,对中国文化的认同感对其学习汉语具有促进作用,但是不认同感对学习动机并没有明显的消极影响。吴雪虹(2014)考察了暨南大学华文学院初级阶段的来华二语习得者的文化认同与汉语学习情况,结果显示文化认同感能够促进汉语学习。

此外,陈默(2020)通过问卷和口语语料分析考察了三种认同对汉语二语学习者口语复杂度、准确度和流利度的影响。结果表明,不同的认同类型以及学习者的不同母语背景对口语产出的影响程度具有差异,其中文化认同对口语影响不显著。总体来看,中华文化认同感与学习相关性的研究主要集中在学习动机及其对学习产生的影响等方面,研究对象主要以华人或华裔为主,以非华裔为对象的中华文化认同研究较为有限。

3. 汉语作为第二语言学习者中华文化认同策略研究

闫雪莹(2018)考察了来华留学生的文化认同问题,并从提高教师素养、改进教学策略、加深文化体验以及利用媒介平台等方面提出提高来华留学生文化认同的策略。针对汉语作为第二语言学习者的中华文化认同提出相应针对性教学策略,有助于进一步提升汉语学习者的中华文化认同感,对促进语言习得及文化交流具有积极作用,有利于优化教学成效,推动国际中文教育学科的可持续发展。

4. 汉语作为第二语言学习者中华文化认同影响因素研究

媒介接触、动机、语言水平等是影响文化认同感的重要因素，因学习者的个性化和多样化，不同因素产生的影响存在差异。张国良等（2011）通过问卷调查的方式分析了媒介接触和文化认同与语言学习之间的关系，认为语言学习对文化认同影响不明显，而媒介接触是影响文化认同以及语言学习的重要因素之一。郭蓓蓓（2018）考察了海外华裔的文化认同影响因素，提出中国的发展、"汉语热"的兴起以及华文教育的复兴等推动了海外华裔文化认同。魏岩军等（2015）考察了三种不同文化背景下的406名非华裔汉语第二语言学习者个体及社会心理因素对文化认同的影响，结论表明汉语水平对韩国学习者的文化认同影响并不明显。该研究说明国际中文教育要制定语言及文化传播策略，减轻或消除部分固有误解，以此提升汉语学习者中华文化认同感。此外，不同研究得出的语言水平因素对文化认同是否产生影响结论并不一致，其具体原因还需在今后的研究中进一步探讨。

四、结论与启示

通过上文分析，我们认为目前汉语作为第二语言学习者的中华文化认同相关研究还需从以下三个方面加强。

第一，加强中华文化认同相关研究的力度。由上文研究成果可见，随着国际中文教育的逐步发展，汉语作为第二语言学习者的文化认同问题越来越受到学界关注，该领域的研究范围不断拓展，研究对象也更加具体。然而，总体而言，国内学者更多关注对外国文化认同的研究，探究外国汉语学习者对中华文化认同问题的相对较少。此外，从研究对象看，中华文化认同与学习相关性研究对象以华裔和华人为主，以非华裔为对象的研究较少。因此，加大对文化认同的研究力度还需扩大研究范围，细化研究对象，丰富研究手段，结合交叉学科的研究理念，学科融合的研究视野，扩充该领域的研究范围，深化研究内容。

第二，研究过程亟须完善。目前，许多文化认同相关研究存在研究对象数量不足、问卷设置效度偏低等问题，导致数据及结论缺乏一定说服力。此外，文化认同调查过程中没有对研究对象身份、年龄、年级、专业等进行细化分类，这导致该研究不能较为清晰且全面地反映研究对象因专业及年级的不同，在学习动机及文化认同等方面呈现的差异。因此，在研究过程中还需要提高研究对象的广泛性及针对性。

第三，优化文化认同分类。在研究过程中，存在筛选文化认同中的文化代表因素不够细致全面、文化认同分类模糊等问题。研究多集中于对中国传统文化认同的调查和分析，而现代文化、地方文化等内容较少涉及，这导致文化内容较为单一。因此，需更加清晰地划分文化维度，丰富及优化文化认同类型，选择更多的能够真实展现中国文化、代表中国形象的元素和符号，这既符合汉语作为第二语言学习者的多元文化需求，同时也有利于更全面地对汉语学习者的文化认同情况进行考察和分析，从而较为系统地了解及掌握其文化认同现状。

参考文献：

曹云华. 从文化适应的角度看东南亚华人与当地民族的关系［D］. 广州：暨南大学，2001.

陈默. 认同对汉语二语学习者口语复杂度、准确度和流利度的影响［J］. 语言教学与研究，2020（1）：23—35.

陈悦，陈超美，刘则渊，等. CiteSpace 知识图谱的方法论功能［J］. 科学学研究，2015，33（2）：242—253.

郭蓓蓓. 海外华裔文化认同变化的影响因素初探［J］. 华侨华人历史研究，2018（3）：58—63.

韩愈. 华文教育语境下的传媒对外传播的文化定位［J］. 吉林广播电视大学学报，2012（6）：121—124.

黄煜. 印尼华裔青少年对中华文化的认同及其对汉语学习的影响［D］. 桂林：广西师范大学，2012.

梁琪. 菲律宾主流中学学生汉语学习文化认知与认同调查分析［D］. 福州：福建师范大学，2015.

陶宇坤. 留学生汉语学习动机及其与中国文化认同研究关系研究［D］. 南宁：广西大学，2014.

王爱平. 东南亚华裔学生的文化认同与汉语学习动机［J］. 华侨大学学报（哲学社会科学版），2000（3）：67—71.

王爱平. 文化与认同：印尼华裔青少年调查研究［J］. 中国人民大学学报，2004（6）：79—85.

韦歆. 以文化认同为导向的留学生管理［D］. 上海：上海交通大学，2013.

魏岩军，王建勤，朱雯静. 不同文化背景汉语学习者跨文化认同研究［J］. 华文教学与研究，2015（4）：38—47. 吴灵. 海外华文传媒对海外华人的文化认同建构［D］. 广州：暨南大学，2016.

吴歆恬. 来华华裔留学生汉语学习动机影响因素研究［D］. 武汉：华中师范大学，2020.

吴雪虹. 来华二语习得者的中华文化认同感与其汉语学习的相关性研究［D］. 广州：暨南大学，2014.

闫雪莹. 对外汉语教学策略与中华文化认同研究［J］. 继续教育研究，2018（11）：133-136.

颜春龙. 海外华文传媒与华人文化认同研究［D］. 成都：四川大学，2006.

杨军红. 来华留学生跨文化适应问题研究［D］. 上海：华东师范大学，2005.

张国良，陈青文，姚君喜. 媒介接触与文化认同——以外籍汉语学习者为对象的实证研究［J］. 西南民族大学学报（人文社会科学版），2011，32（5）：176-179.

赵俊芳，安泽会. 我国大学学术权力研究热点及知识可视化图谱分析［J］. 复旦教育论坛，2014，12（5）：77-83.

郑晓云. 文化认同与文化变迁［M］. 北京：中国社会科学出版社，1992.

庄颖. 缅甸、老挝、柬埔寨华裔留学生对中华文化了解和认同情况的调查与分析［D］. 广州：暨南大学，2012.

作者简介：

　　潘毓昉，四川大学文学与新闻学院在读硕士研究生，主要研究方向为汉语国际推广和现代信息技术应用；

　　雷莉，四川大学海外教育学院教授，博士生导师，主要研究方向为汉语国际推广和现代信息技术应用。

现代汉语

互动视角下负面评价构式"X就X"的语用规约化考察

王 燕

四川大学海外教育学院

摘 要：本文首先对"X就X"构式的范围进行界定，排除三种同形异构的表达式，然后把言语行为的"X就X"回应构式分成已然和未然两类。通过考察发现在语用规约化程度上，已然类不能看作负面评价构式，因为是否表达负面立场或者情绪要受具体语境的影响；未然类规约化程度较高，是以肯定形式表达主观否定，形式和功能高度结合，整体呈现负面评价义。

关键词：互动视角；负面评价；"X就X"；规约化

Conventionalization of Negative Appraisal Construction "X *jiu* X" from Interactive Perspective

Wang Yan

School of Overseas Education, Sichuan University

Abstract: This paper defines the scope of the "X *jiu* X" construction, excludes three isomorphic expressions, and then divides the "X *jiu* X" into two categories: already and not yet. Through investigation, it is found that the first type cannot be regarded as a negative appraisal construction in terms of pragmatic conventionalization, because the expression of negative position or emotion depends on the specific context. The second type has a higher degree of formality, expressing subjective negation in the positive form, highly combining form and function, and presenting negative evaluation meaning as a whole.

Keywords: interactional perspective; negative assessment; "X *jiu* X"; conventionalization

一、引言

"X 就 X"形式上属于拷贝重复，是强化肯定的表达式，但是它却可以表达明显的否定义，这引起众多学者的研究兴趣。吕叔湘（1999）认为该表达式可以表示"容忍或者无所谓"的语用功能，另外也有一些学者提出该表达式可以表示"强调、勉强接受、认同、干脆、让步、赌气、愤怒、无奈、同意、责备、欣然接受、慨允"（杨德峰，2005；焦慧莹，2007；胡艳，2009；郭文静，2009；吴春相、田洁，2009；周福雄，2014；郑贵友，2015；王长武，2016）。

"X 就 X"表达格式的繁多的语用意义与其界定范围有关。长期以来，语言学界采取了比较宽泛的标准，把很多与此相似的表达式都包括进来，认为其中的成分可以省略，如"就""前 X 中的成分""后 X 中的成分"；也可以添加其他成分，如副词、语气词（汪志远，1993；杨德峰，2005；焦慧莹，2007；郭文静，2009；顾海丽，2011；庄琪，2014；王长武，2016）。

对于"X 就 X"的形式肯定与语义否定的不一致现象还没有合理的解释。陈赵赟（2009）认为是心理期待的偏离程度造成勉强接受甚至拒绝接受的语用义。顾海丽（2011）认为"X 就 X 吧"表示事件不符合说话人或听话人的预期或期待。李宇凤（2018）认为该构式体现"'预期对立（否定）之否定'的肯定认同，'X 就 X'是在很可能否定 X 的情况下，以表面肯定认同 X 的方式隐性否定预期对立"。但是把"X 就 X"构式解释成预期对方会示弱、不赞同，听话人却违背这个预期，接受认同，同时也反驳对方深层想法，显得比较牵强，因为这也会受到语体因素和具体语境的影响。

综上所述，"X 就 X"是一个特别的表达式，如果不对它进行界定，把类似表达式全归为一个，那么分析出来的语用功能就十分庞杂，既有积极的也有消极的。对此表达式的语用意义的解释也很难统一，表达式之间的差异或者语体因素会影响语用表达的意义。

本文把"X 就 X"确定为一个表达负面评价的构式,先对此进行界定,去除同形异构的表达式,然后根据"X 就 X"具有口语色彩的特点,把它放在会话语篇中,以情景喜剧《家有儿女 1》的转录文本①为语料,对其语用规约化进行考察。

二、"X 就 X"构式的界定

界定"X 就 X"构式的范围是考察分析其语用功能的第一步,首先要排除同形异构的表达式,还要把与"X 就 X"功能存在极大差异的构式排除,这样才能明确要研究的对象。

(一)同形异构

本文要研究的对象"X 就 X"是一个构式,这就意味着形式上具有完整性,不能随意添加或者删除构件,也不能分开。下面的都是"X 就 X"的同形表达式。

第一,省略"是"的"X 就是 X"强调表达式,如:

> 例(1)
> 夏雨:让我玩会儿吧。
> 欢欢:<u>不借就不借</u>!
> 夏雨:哎呀,我就求你让我玩一小小会儿。
> 欢欢:不借!
> 刘星:那借我玩会儿。
> 欢欢:<u>不借不借就不借</u>,要不是你妈妈早把我领走了。
>
> (《家有儿女 1》第 69 集)

例(1)中"不借就不借"也可以说"不借就是不借",例(1)中还出现了"不借不借就不借",这主要是利用语言形式重叠加强肯定。

---

① 《家有儿女 1》转写文本的语料情况:共 100 集,每集时长约 22 分钟,总时长约 2200 分钟,转录文本为 301793 字,包括转写时标注对话人物和简单的情景说明。

第二,"就"表示限止,有主观小量的语义,如:

例(2)

夏东海:猴孩子们出来吧,我要宣布一条爆炸性的新闻啊。

夏雪、夏小雨、刘星:什么新闻?什么新闻?什么新闻?

刘梅:哎,哎,<u>新闻就新闻啊</u>,少在这儿爆炸!

(《家有儿女1》第14集)

例(2)中刘梅在回应夏东海"我要宣布一条爆炸性的新闻"的时候,去掉了"爆炸",把语义限定在"新闻"上。

第三,前后存在假设、条件等逻辑语义,如:

例(3)

刘星:下面我再唱一首歌曲,小时候妈妈对我讲,大……

欢欢:你们骗我。

夏东海:唱的什么歌词!

刘星:这不能怪我,<u>要怪就怪歌唱妈妈的歌曲太泛滥了</u>。

(《家有儿女1》第70集)

例(3)"要怪就怪歌唱妈妈的歌曲太泛滥了"中存在明显的假设关系,可以换成"要是/如果……就……"成对关联词。

(二)其他表达式

以前很多研究考察出现在"X就X"前面的成分,以及"X就X"在句法中充当的成分,本文的研究对象是在会话结构中处于回应语位置的独立构式,不包括以下构式:

例(4)

胡一统:老夏,你没钱呀?没钱跟我说呀,我有啊。

夏东海:这什么话,我怎么可能没钱呢?

胡一统:就是。

夏东海:不就是去游乐场吗?<u>说去就去</u>。

(《家有儿女1》第52集)

例(5)

刘梅:没什么,我现在就上你那儿把他接回来。

胡一统：凭什么呀？是不是？你想拉就拉，想推就推，……

（《家有儿女1》第93集）

例（6）

盛超：哎呀，这一个破软件才两三百块钱，你自己买一个去呀！

林宁：人家有钱，想买什么就买什么，臭显摆什么呀？

（《家有儿女1》36集）

上面三个例子中画线的"就"与其副词语义"很短时间以内即将发生"相关，表示迅速完成某事，"就"也可以换成"便"，如"说去便去""想拉便拉、想推便推"①。

另外"该 X 就 X""爱 X 就 X"等一系列在"X 就 X"前面加心理动词或者情愿动词的表达式也不属于本文要考察的对象。

三、"X 就 X"构式的语用功能

"X 就 X"构式表达的语用功能不是单一的，下面就从交际互动的角度考察该构式在会话语篇中的表现。

（一）否定预期

在解释"X 就 X"的语用意义时，很多研究都提到预期，认为是偏离或者不符合预期、预期对立（否定）之否定（陈赵赟，2009；顾海丽，2011；李宇凤，2018）。但要解释所有的用例，即使界定构式范围，有一些也显得比较牵强。通过对会话语料考察发现，与偏离/否定预期高度相关的是表示无所谓的功能，如：

例（7）

刘星：咱家现在很多东西全都莫名其妙地失踪了，什么可乐罐啊、饮料瓶啊、报纸杂志小人书什么的，全都悄悄地不见了。

夏东海：不见就不见了吧，反正都是一些没用的东西。

（《家有儿女1》第8集）

例（8）

刘梅：就瞧你这肚子，你还好意思提这种要求啊？

---

① 两者是否可以互换主要受语体色彩的影响。

夏东海：反正我都这岁数了，<u>胖点就胖点</u>，反正你也喜欢我对吗？

（《家有儿女1》第29集）

例（7）刘星告诉夏东海家里的东西"不见了"，预期是希望引起夏东海的重视，授权自己进行调查。从上下文可以看出，夏东海一直对刘星的"侦探游戏"不以为然，"不见就不见了吧"是否定刘星的预期，表示无所谓。例（8）刘梅提醒夏东海有啤酒肚，预期是让他知道自己的问题，坚持吃素。夏东海说"胖点就胖点"表示不在乎，否定刘梅认为他应该自觉吃素的预期。

从以上例子可以看出，"X 就 X"在话语序列中的一个典型特征是其处在回应语的位置上，"X"可以是直接引述，也可以是隐含引述。另外，"X 就 X"在表达无所谓、不在乎、不以为然的语用功能时，一般针对已然事件，如：

例（9）

刘梅：这爷爷也是一片好心，还亲手挂上的，我们硬不让挂也说不出口啊！

胖嫂：那倒是，也是。

刘梅：<u>挂就挂了</u>，回头再说吧。

（《家有儿女1》第37集）

例（10）

夏雨：妈，你怎么把菜叶都给扔了？

刘梅：<u>扔就扔了</u>。

（《家有儿女1》第45集）

例（11）

刘梅：不实诚也不行啊，真老了，你瞧！

大明阿姨：<u>老了就老了</u>，反正孩子都那么大了，怕啥呀，真是！

（《家有儿女1》第69集）

上面三个例子都是对已然行为/性状表示无所谓、不在乎，"X 了就 X 了"可以省略为"X 就 X 了"。

（二）被动接受

除了表示对已然行为/性状不在乎、无所谓以外，还有"被动接受"的语义，表达勉强、不情愿、抗拒、不服气等负面情绪，主要回应两种以言行事行为：指令类（directives）和承诺类（commissives）［此分类来自塞尔（Searle，1979）］。

1. 指令类

指令类以言行事行为表示说话人不同程度地指使或命令听话人去做某事，话语的命题内容总是让听话人实施某种行为（何自然、冉永平，2009）。以前很多研究都集中在此类行为的动词以及实施的规则条件，下面就考察另外一种言语行为使客观现实发生变化，但交互主观性是否定的，肯定形式表现出负面评价义的情况，如：

例（12）
刘星：还是我老妈有品位。
刘梅：赶紧给我换了！
刘星：可真不经夸，老爸，以您的艺术眼光，看看我这个裤子怎么样？
夏东海：我可从来不搞屁股漏风的艺术。
刘星：想提高你们的品味可太难了，<u>换就换</u>。

（《家有儿女1》第 77 集）

例（13）
刘星：去去去去，别在我们家捣乱，赶紧走！
林宁：<u>走就走</u>！

（《家有儿女1》第 62 集）

例（12）中刘梅让刘星把破洞牛仔裤脱下来，带有命令的口吻，言后之果是达到以言成事，刘星走向卧室换裤子。但刘星是被动接受这个指令，采用"脱就脱"进行回应，表达出勉强、不情愿的语用功能。例（13）中林宁和盛超到刘星家要帮助夏雪插广告牌的劳务费，正好赶上夏雪被投资人赶回来。这时候林宁还试图要五十块钱，刘星生气地赶他们走，林宁边走边说"走就走"，是在表达自己不满的情绪。

从以上分析可以看出，指令类言语行为在得到"X 就 X"回应后，就意味着说话人以言行事达到了以言成事的客观效果，只不过受话人是"被动接受"，也可以说是"勉强接受"，"X 就 X"传达出主观的不情愿，也带有一定的抗拒意味，如：

例（14）

夏东海：这人怎么都这样，遇事也不分青红皂白，说急眼就急眼，说翻脸就翻脸，说得没错，整个就一西施犬，什么人？（看见三个孩子）我说的是结了婚的女人。

刘星、夏雪、夏雨：（不停地小声提醒夏东海）我妈，我妈来了，（这时刘梅已经站到了夏东海的背后）妈！

夏东海：说的就是你妈。（转头看见刘梅，吓了一跳）你先回来了。

刘梅：回屋！

夏东海：哎，好，<u>回屋就回屋</u>，有什么呀？

（《家有儿女1》第22集）

例（14）中刘梅和夏东海两人吵架，夏东海出去找生气离家的刘梅，没找到憋了一肚子火，一回家就对着三个孩子大声指责刘梅。没想到刘梅就站在他后面。夏东海听到刘梅大声斥责他，命令他回屋后，因为一直非常惧怕刘梅，马上非常顺从地答应。然后考虑到自己前后的表现和在场的三个孩子，又说"回屋就回屋"，表示自己也有一定的负面情绪，后续表述还有否定构式"有什么呀"，借此来给自己挽回面子。

例（12）、例（13）、例（14）都存在带有命令意味的指令行为。此外，还有要求、请求、敦促等不同程度的指使行为，"X 就 X"也不一定局限于简单动词，如：

例（15）

夏雨：我先看，我先看，我先看。

刘星：<u>你先看就你先看</u>。

（《家有儿女1》第95集）

例（16）

老马：跟我回家，跟我回家种地去！

小马：<u>我种就种啊</u>！

老马：你，那个跟我砍柴去！

小马：<u>我砍就砍呗</u>！

（《家有儿女1》第40集）

例（15）中"X"是小句，会话要遵从合作原则，特别是方式原则，传递的信息要清楚明白，如果改成"看就看"就会造成歧义，也缺乏关联性。

例（16）小马是"京漂"，毕业后不愿意回农村种地，但是他几乎没有收入来源，在刘梅家做客的时候还偷偷拿走了很多东西。这让来北京找儿子的老马非常生气，看到小马后让他跟自己一起回家，这个时候小马也知道错了，所以在回应老马的时候，在"X 就 X"后面加了语气词"啊、呗"，这也降低了对立情绪的程度。另外，由例（16）可以看出在回应指令言语行为的时候可以在"X 就 X"前面加"我"。

2. 承诺类

承诺类以言行事行为是表示说话人对未来的行为作出不同程度的承诺，涉及说话人的意图，命题内容是说话人即将作出某一行为（何自然 & 冉永平，2009；163）。可以用"X 就 X"进行回应的常常是威胁和拒绝两类，如：

例（17）
刘星：你再对我这态度，我不理你了！
夏雪：不理就不理，哼！

（《家有儿女 1》第 13 集）

例（18）
邻居：阿姨的意思是说借阿姨去看看。
夏雪：我说不，对不起阿姨，这本杂志我不能借给您。
邻居：不借就不借嘛，报亭子里有的是，我自己去买一本去。

（《家有儿女 1》第 91 集）

例（17）刘星威胁夏雪，"不理就不理"表达"被动接受"的语义，传递出对立的情绪。例（18）夏雪拒绝把杂志借给邻居，邻居也只能接受，"不借就不借"明显表达出不满，但是添加语气副词"嘛"后弱化了负面情绪。

3. 其他言语行为

还有一类言语行为可以看作介入指令类和威胁类之间，看似是请求、要求，但说话人又暗含受话人"不敢做"的意味，如：

例（19）
刘星：对了小雪，你把书包放下，给我们大家跳一段，让我们看你的水平，哟，当着我们三个人，你就不好意思跳了，到时候观众好多呢，你怎么参加比赛呀？

夏雪：谁说我不敢跳了，<u>跳就跳</u>，一，二，三，四……

(《家有儿女1》第73集)

例（20）

刘梅：开门去，（推了夏东海一把）开门去！

夏东海：<u>开就开</u>，我又没做亏心事。进来，是你呀。

(《家有儿女1》第45集)

例（19）刘星虽然是在请求夏雪表演，但是他知道她没有舞蹈基础，就是想看她出洋相，夏雪这时已经发现了对方的交际意图，为了捍卫自己的尊严，勉强答应，说"跳就跳"，是被动接受刘星的要求。例（20）刘梅怀疑夏东海有外遇，发现卡片上的信息是约好当天在家里见面，所以刘梅拦着夏东海不让他"逃跑"，要当面对质。门铃响的时候，刘梅以为夏东海的约会对象来了，就让他去开门，起初夏东海是不愿意的，站在原地没动。刘梅以为他是不敢去开，就使劲推了他一下，夏东海边走边说"开就开"，明显是一种被动行为。

有的研究认为"X就X"的语用义是"干脆、爽快地接受"，但结合具体的会话语境进行考察分析，就会发现例（19）和例（20）并不是听话人积极正向的回应方式，而是带有一定程度的负面情绪。如例（21）邻居的女儿来借东西，是一种表达请求的言语行为。因为刘星非常喜欢这个女孩子，就爽快地答应了，这里如果换成"借就借"就会造成语用错误，说"没问题、行、好的"等应答语才符合上下文语境。

例（21）

邻居女儿：不好意思，我爸爸非让我来你们家借点东西。

刘星：<u>没问题</u>，说，说！

邻居女儿：我还没说是什么呢。

刘星：只要我爸有的全都借你们家。

(《家有儿女1》第91集)

四、语用规约化

根据前文分析，"X就X"可以分成已然和未然两大类.

第一类是对已然的行为/性状持有"无所谓"的态度,在具体语境中也可以表示"容忍",主要是否定/偏离预期。"X"来自直接引述或者隐含命题,该表达式受会话结构和序列环境的影响,规约化程度较低,传递出的不一定是负面立场。

第二类针对未然的言语行为进行回应就带有一定的负面情绪,虽然在序列环境中仍然处在回应语位置上,但形式和功能高度结合,整体呈现负面评价义,如:

例(22)

刘星:那您不信,您问小雪去。

姥姥:<u>我问就问去啊,我问就问去</u>,你等着,我要问完了我就揭穿你,看着,我问去。

(《家有儿女1》第47集)

例(22)刘星和姥姥争论,最后让姥姥去问夏雪。解释为姥姥"被动接受"比较牵强,但也不能解释为"积极接受"的正面义。这里可以认为"X就X"已经具有一定的规约性,语言表达形式可以传递出相应的负面语用义,姥姥说"我问就问去啊,我问就问去"是带有责备的对立情绪,认为刘星在瞎说,也有"你以为我不会去问,但我真的会问"的威胁意味。另外,"X就X"在回应言语行为的时候,可以用在晚辈对长辈之间,因为这个构式在形式上是肯定的,客观上也服从长辈的指使,传递的负面情绪是主观的。这和构式"X什么"直接否定言语行为形成互补,因为这个构式很少用于晚辈对长辈说话,这应是礼貌原则起到了制约作用,如:

例(23)

夏东海:说什么什么啊,我告诉你啊,我现在可是正烦着呢,我压着火来跟你说话,你等我压不住了,看我不收拾你的!

夏雨:<u>去就去</u>,有什么了不起的!

(《家有儿女1》第30集)

例(24)

刘梅:那您把钱掏出来,甭带钱!

夏雨:<u>不带就不带</u>,走,快走吧,姥姥。

(《家有儿女1》第51集)

例（23）就是夏雨在顶撞夏东海，但是也不敢违抗爸爸的命令，只好被动接受，同时表达主观不满的情绪，例（24）中"不带就不带"是表达不满情绪，并不是积极同意，同见例（12）和例（16）。

五、小结

本文首先对"X 就 X"构式的范围进行界定，排除三种同形异构的表达式，然后把言语行为的"X 就 X"回应构式分成已然和未然两类。在语用规约化程度上，第一类不能看作负面评价构式，因为是否表达负面立场或情绪受具体语境的影响。第二类规约化程度较高，是以肯定形式表达主观否定，形式和功能高度结合，整体呈现负面评价义。另外，第二类也可以用在晚辈对长辈，在行域内，与"X 什么"的语用功能形成一定的互补。在本文采用的语料中，"X 就 X"表达"无所谓"的有 11 例，其中也有明显带有"不以为然、轻视、勉强"等负面情绪的，"X 就 X"负面评价构式在语料中一共出现 15 例，有的也带有"无所谓"的语用义，那么这两类对言语行为回应的构式之间是否也存在联系，是否存在一个语用规约化的连续统，这个需要进一步考证。

参考文献：

陈赵赟. 回声拷贝式"A 就 A"在现代汉语篇章中的考察［D］. 金华：浙江师范大学，2009.

顾海丽. "X 就 X 吧"格式研究［D］. 开封：河南大学，2011.

郭文静. "X 就 X"的多角度考察［D］. 北京：北京语言大学，2009.

何自然，冉永平. 新编语用学概论［M］. 北京：北京大学出版社，2009.

胡艳. 现代汉语"X 就 X"小句之考察［D］. 武汉：华中师范大学，2009.

焦慧莹. "X 就 X"格式的句法、语义及语用考察［D］. 广州：暨南大学，2007.

李宇凤. 回应否定预期对立的"X 就 X"构式［J］. 语言教学与研究，2018（5）：55－64.

吕叔湘. 现代汉语八百词［M］. 增订版. 北京：商务印书馆，1999.

汪志远. 口语句式"X 就 X"研究［J］. 武汉大学学报（人文科学版），1993（3）：109－114.

王长武. 引述回应格式"X 就 X"试析［J］. 新疆大学学报（哲学·人文社会科学版），2016（2）：135－140.

吴春相，田洁. 回声拷贝式"慨允"义和修辞动因［J］. 修辞学习，2009（3）：9－16.

杨德峰. 也说"A就A"格式［J］. 语言文字应用，2005（3）：69－75.
郑贵友."X就X"句的语义特征与表达功能［J］. 汉语学报，2015（3）：13－18.
周福雄. 同形异构的"X就X"格式［J］. 汉语学报，2014（4）：81－85.
庄琪."V（了）也就V了"构式研究［D］. 金华：浙江师范大学，2014.
SEARLE J R. Expression and meaning: studies in the theory of speech acts［M］. Cambridge：Cambridge University Press，1979.

作者简介：

　　王燕，四川大学海外教育学院讲师，主要研究方向为系统功能语法、话语分析及对外汉语教学法。

比较分析《华西官话汉法词典》与《西蜀方言》的编写体例

李佳玉

惠州学院文学与传媒学院

摘　要：1893 年出版的《华西官话汉法词典》与 1900 年出版的《西蜀方言》，分别是由巴黎外方传教会传教士和英国传教士钟秀芝编写的双语词典，这两部词典也是传教士学习四川方言的口语教材。本文探讨了这两部词典的编写体例，认为这两部词典虽有不尽如人意之处，但是对当今的汉语教材和词典的编写仍有借鉴意义。

关键词：《华西官话汉法词典》；《西蜀方言》；对外汉语；编写体例

A Comparative Analysis of the Compiling Styles of *Dictionnaire Chinois-Français* and *Western Mandarin*

Li Jiayu

School of Literature and Media, Huizhou University

Abstract: *Dictionnaire Chinois-Français de la Langue Mandarine Parlée Dans l'Ouest de la Chine Avec un Vocabulaire Français-Chinois* (1893) was written by missionaries in La Missions Éangère de Paris, and *Western Mandarin*, *or the Spoken Language of Western China* (1900) was written by a British missionary who had been lived in Chengdu for a long period of time. The two dictionaries were also oral textbooks for missionaries to learn Sichuan mandarin. This article discussed the compiling styles of the two dictionaries. Although there are some disappointments, the two dictionaries were still useful for today's Chinese textbooks and dictionary compilation.

Keywords：*Dictionnaire Chinois-Français*；*Western Mandarin*；Chinese as a foreign language；compilation style

一、引言

《华西官话汉法词典》①（*Dictionnaire Chinois-Français de la Langue Mandarine Parlée Dans l'Ouest de la Chine Avec un Vocabulaire Français-Chinois*，以下简称《词典》），是生活在四川多年的传教士和当地传教士合作编著的一部汉法词典，由香港外方传教会印书局于1893年出版②。

《西蜀方言》（*Western Mandarin，or the Spoken Language of Western China*，以下简称《西蜀》）是清朝末期长期居住在成都的英国传教士钟秀芝编著的一部汉英词典，并由上海美华书馆于1900年出版。甄尚灵（1988）写道："作者Adam Garigner的中文名字叫钟秀芝（书中未见），英国人，1889年到中国，长期居住在成都金马街三十七号，1904年创办'圣经学堂'，1921年在成都去世。"在《西蜀》"前言"中钟秀芝写道："中国内地会传教士成都分会Mr. Vale校订了大部分手稿。"

陈伟（2016），金小栋（2016），李炜、刘亚男（2015）分别对《词典》的声韵调系统、介词等展开过讨论，根据陈伟的论证，《词典》是19世纪后期四川南部的汉语方言。袁雪梅和邓英树（2020）、陈兰（2014）、马正玲（2012）、邓章应（2011）、杜晓莉（2011）、李晓东（2011）、千叶谦悟（2008、2006）、黄灵燕（2010）、郭莉莎（2003）、甄尚灵（1988）等对《西蜀》的音系、疑问句、句法、价值、编撰特点、语音及词汇系统、声韵调系统以及同音字表、入声及基础音系、词汇系统、语音系统进行了研究。虽然对《西蜀》音系方面的研究文献最多，但是也存在不少争议。甄尚灵（1988）与袁雪梅和邓英树（2020）认为《西蜀》所代表的语音为19世纪后

---

① 诚挚感谢北京大学中文系郭锐教授提供《华西官话汉法词典》电子版。
② 《华西官话汉法词典》由好几名川南传教士集体编写（沙得容主编，合作者是路易·莫洛、爱德华·古尔丹、保罗·施理尔），转引自庄初升、阳蓉（2014）。

期的成都语音，且袁雪梅和邓英树（2020）论证了其反映成都话演变过程中较为保守的语音面貌。黄灵燕（2010）则认为基础音系除了成都语音以外，还包括成都附近地区保留入声的方言，并且不能忽视南京官话对西部官话的影响。千叶谦悟（2008、2006）认为"不能臆断为纯粹的成都话"。曾晓渝（2018）认为音系代表清代西部官话，其特点大多与南系官话相似，同时又融入了部分北系官话特点。庄初升、阳蓉（2014）对两部词典的声韵调系统分别进行了归纳总结。

《词典》与《西蜀》既是词典，也是传教士学习四川方言的口语教材，两部词典分别反映了川南、川西的方言状况，涉及语音、词汇、语法、民俗等诸多方面。因此，两部词典作为一种历史文本，不仅对中西文化交流做出了特有的贡献，而且记载了当时的社会面貌。《词典》与《西蜀》记录的语言文字是文化传承的载体，研究这两部词典的体例不仅能够丰富近代传教士词典研究，还能够弘扬以语言文字为载体的中华优秀文化。学界对两部词典都进行了研究，但是对其编写体例的研究不多。因此，本文尝试对这两部词典的编写体例进行比较分析。

二、结构安排

《词典》共分13个部分：（1）前言；（2）汉语口语读音音序表；（3）数量词；（4）重音和声调；（5）符号说明；（6）缩写；（7）汉法词典；（8）编年表；（9）法汉词汇表；（10）百家姓；（11）中国之外的国家；（12）中华帝国地名；（13）天干地支纪年法与基督纪元的换算标准。书末还附有勘误表，其中主体部分是"汉法词典"，包括有字词和无字词，并按字母顺序进行排列。

《西蜀》共分7个部分：（1）前言；（2）部首索引；（3）有字词；（4）无字词；（5）亲属称谓表；（6）音节索引；（7）英语索引。书末还附有勘误表，其中主体部分是"有字词"和"无字词"，其中"有字词"按214部部首进行排列。

表1是《词典》与《西蜀》的结构安排比较。

表 1　《词典》与《西蜀》结构安排比较表

两部词典共有	《词典》独有	《西蜀》独有
前言、主体部分、勘误表	汉语口语读音音序表、数量词、重音和声调、符号说明、缩写、编年表、法汉词汇表、百家姓、中国之外的国家、中华帝国名、天干地支纪年法与基督纪元的换算标准	部首索引、亲属称谓表、音节索引、英语索引

虽然《西蜀》没有对“重音和声调”部分单独说明，但是在“前言”部分对此进行了说明，还对西蜀方言声调与北部官话声调和南部官话声调之间的差异进行了详细的解释。

3、编写特点

两部词典的编写者在编写过程中都倾注了大量的精力，但是在具体编写上有一定的差异，下面将对两部词典编写特点的异同进行分析比较。

（一）相同点

两部词典主体部分编排相同的是如下方面：字头、注音、与该语素有关的方言用例、用例的外文释义。但是《词典》还单独对“字头”标注了法文释义，而且对方言用例注音，《西蜀》只是在“音节索引”部分对“字头”标注了英文释义，在主体部分并未对“字头”标注英文释义，也未对方言用例注音，如《词典》（第 481 页）、《西蜀》（第 503 页）。如图 1、图 2 所示：

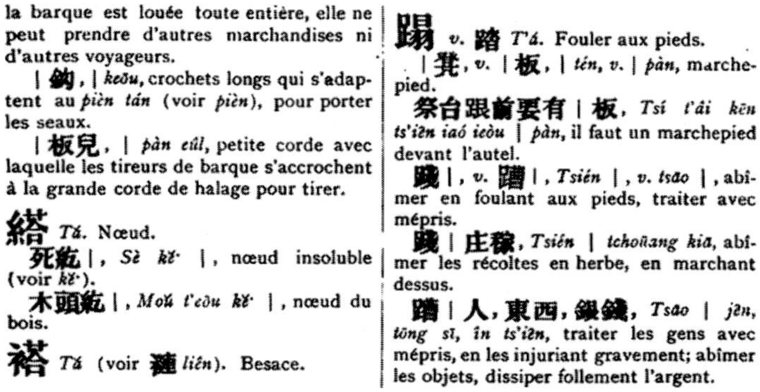
la barque est louée toute entière, elle ne peut prendre d'autres marchandises ni d'autres voyageurs.

|鈎, | *keōu*, crochets longs qui s'adaptent au *pièn tán* (voir *pièn*), pour porter les seaux.

|板兒, | *pàn eûl*, petite corde avec laquelle les tireurs de barque s'accrochent à la grande corde de halage pour tirer.

繨 *Tá*. Nœud.

死紇|, *Sè kě·* |, nœud insoluble (voir *kě·*).

木頭紇|, *Moŭ t'eôu kě·* |, nœud du bois.

褡 *Tá* (voir 褳 *lièn*). Besace.

蹋 *v.* 踏 *T'á*. Fouler aux pieds.

|凳, *v.* |板, | *tén*, *v.* | *pàn*, marchepied.

祭台跟前要有|板, *Tsí t'âi kēn ts'iên iaó ieòu* | *pàn*, il faut un marchepied devant l'autel.

踐|, *v.* 蹧|, *Tsién* |, *v. tsāo* |, abîmer en foulant aux pieds, traiter avec mépris.

踐|庄稼, *Tsién* | *tchoūang kiā*, abîmer les récoltes en herbe, en marchant dessus.

蹧|人, 東西, 銀錢, *Tsāo* | *jên*, *tōng sī*, *în ts'iên*, traiter les gens avec mépris, en les injuriant gravement; abîmer les objets, dissiper follement l'argent.

图 1　《词典》第 481 页

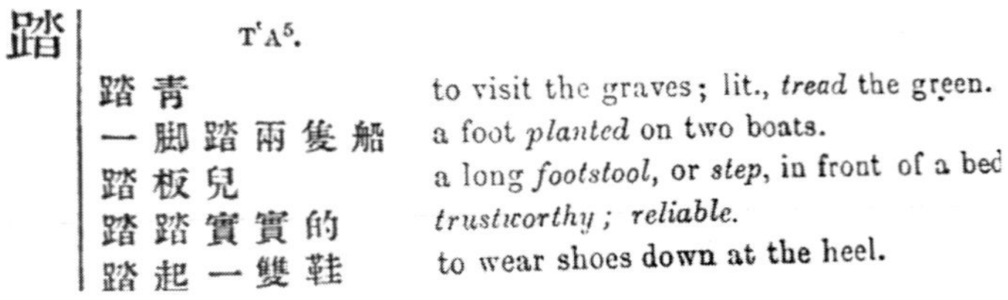

```
踏    T'A⁵.
踏青              to visit the graves; lit., tread the green.
一脚踏兩隻船      a foot planted on two boats.
踏板兒            a long footstool, or step, in front of a bed
踏踏實實的        trustworthy; reliable.
踏起一雙鞋        to wear shoes down at the heel.
```

图 2 《西蜀》第 503 页

1. 文言色彩、方言特色并重

两部词典的鲜明特点是文言色彩、方言特色并重。如：

老汉儿（《词典》第 79 页）
逮耗子（《词典》第 86 页）
康泰（《词典》第 196 页）
这个药是炮制过的（《词典》第 404 页）
弥月之喜（《西蜀方言》第 173 页）
他两个在扯筋（《西蜀》第 205 页）
多承你的翰墨（《西蜀方言》第 419 页）
苞谷（《西蜀》第 59 页）

美国哥伦比亚大学刘乐宁教授指出："即使是高年级学生的毕业论文仍然缺乏正式、典雅性，所以哥伦比亚大学在汉语学习者的第五年，会在课堂上为学生讲解典雅的作品。"① 希望这方面也能引起国内汉语教学者的注意。

2. 谚语遍布全书

由于谚语是一种约定俗成的表达方式，学习者大量接触谚语，有助于提高汉语水平。《西蜀》在"前言"部分明确指出："稍加阅览可发现常用谚语遍布全书。"在两部词典中，我们都发现了大量的谚语，如：

常将有日思无日，莫把无时作有时。（《词典》第 155 页）
肉身要看得轻，灵魂要看得重。（《词典》第 253 页）
有儿穷不久，无子富不长。（《词典》第 259 页）
逢人且说三分话，未可全抛一片心。（《词典》第 404 页）
君子一言，快马一鞭。（《词典》第 424 页）

---

① 转自刘乐宁教授 2018 年 6 月 25 日在暨南大学华文学院沙龙上的讲话。

> 知恩报恩天下少，反眼无情世上多。(《西蜀方言》第 69 页)
> 后颈窝的头发，摸得倒看不倒。(《西蜀方言》第 176 页)(对于未来，我们只能预测)
> 莫待是非来入耳，从前恩爱反为仇。(《西蜀方言》第 177 页)
> 人穷志短，马瘦毛长。(《西蜀方言》第 368 页)
> 钱财如粪土，仁义值千金。(《西蜀方言》第 491 页)

3. 强调句本位的原则

《词典》与《西蜀》都是词典，都是为了方便学习者随时查阅。现今的汉语词典(如《现代汉语词典》)都是围绕语素展开的词语而进行的中文释义，对外汉语课本(如《中级汉语会话课本》)中列出的"生词短语"也只有课文中出现的生词短语。但是《词典》和《西蜀》与现今的汉语词典以及对外汉语课本不同，都强调句本位的原则，方言用例大多数都表达了完整的意义。这符合传教士自学汉语的特点。19 世纪末的传教士并不像现在的学生那样在教师的组织下系统地学习一门外语，他们需要尽快掌握当地语言，融入当地社会生活，而表达了完整意义的方言用例能直接运用到实际生活中去，更能满足他们的语言学习需要。

4. 关注传统的中华文化

中华传统文化以儒家思想为核心，"仁"又是儒家学说的核心，对中华传统文化和社会的发展产生了重大的影响。两部词典的编写者都对中华传统文化给予了极大的关注，在方言例句中出现了大量名言警句，如：

> 以爱还爱，以情还情。(《词典》第 135 页)
> 得人点水之恩，须当涌泉而报。(《词典》第 164 页)
> 小不忍，则乱大谋。(《词典》第 180 页)
> 吉人自有天相(《词典》第 224 页)
> 要守规诫，才得升天堂。(《词典》第 609 页)
> 大富由命小富由勤。(《西蜀》第 57 页)
> 宽田宽地不如宽量为人。(《西蜀》第 143 页)
> 三从四德。(《西蜀》第 179 页)
> 亲恩深似海，子罪重如山。(《西蜀》第 305 页)
> 养儿防老，积谷防饥。(《西蜀》第 547 页)

（二）不同点

《词典》与《西蜀》记录了 19 世纪末四川方言的真实情况，但是这两部词典却各具特色。

1. 《词典》的特点

第一，宗教用语。

据《西蜀》"前言"："所收例句均为本地口语，外来词如宗教用语等均不收录，因为这些词可从其他途径很方便地查到。"但我们发现《词典》却与之相反，所收例句有大量的宗教用语，如：

> 天主照人善恶端行赏罚（第 6 页）
> 天主无形无像（第 106 页）
> 学耶稣圣母的表样（第 108 页）
> 圣教会不许世福只许天堂（第 131 页）
> 耶稣又是天主又是人（第 156 页）
> 你靠天主的仁慈（第 180 页）
> 要在神父跟前告自己的罪（第 201 页）
> 耶稣替我们受苦（第 573 页）
> 圣母替我们转达天主（第 573 页）
> 听天主的命（第 589 页）

第二，汉语口语读音音序表。

《西蜀》列举了 48 行 6 列，共计 288 个没有声调的口语读音音节。在学习者正式接触主体部分"汉法词典"之前，此部分可专门用于练习汉语口语读音。

第三，数量词。

由于量词是汉语的一大特色，在中国数年的传教士也意识到了这一点，所以《词典》的第三部分对 64 个数量词进行了详细讲解，并附有方言例句，还简单列举了另外 11 个量词。

第四，符号说明。

《西蜀》中的调值由"1、2、3、4、5"来表示，而《词典》则用符号，所以在第五部分对表示调值的符号进行了说明，如图 3：

现代汉语

```
EXPLICATION DES SIGNES.

—   indique le 1er ton: Má, la, chā.
∧   ...      le 2e  — : Má, lá, chê.
\   ...      le 3e  — : Mà, là, choùi.
/   ...      le 4e  — : Má, lá, chá.
∪   ...      le 5e  — : Mǎ, lá, chě.
ʼ   après une consonne marque l'aspiration: Tch'a, t'a, ts'ŏu.

Le signe | remplace le mot ou le caractère chinois, dont il s'agit dans l'article.
```

图 3 （《词典》第 XV 页）

第五，缩写。

《词典》对表示词性的缩写进行了简要说明，如"adjective"在主体部分的缩写形式为"adj."。

第六，编年表。

"编年表"分为三部分：第一部分是上古时期；第二部分是夏到清朝的朝代名字以及对应时间；第三部分是清朝从顺治到光绪九位皇帝的名字以及在位时间，因为《词典》出版于 1893 年，而宣统皇帝 1909 年才登基，所以没有宣统。但是康熙皇帝在位 61 年，却被统计成了 41 年，如图 4 所示：

```
Empereurs de la Dynastie régnante
DATE DE L'AVÈNEMENT ET DURÉE DU RÈGNE.

顺治, Chouén Tché, 1644; régna 18 ans.    道光, Táo Kouāng, 1821; régna 30 ans.
康熙, K'ang Hi,    1662;   ,,   41 ans.    咸丰, Hán Fōng,   1851;   ,,   11 ans.
雍正, Iōng Tchén,  1723;   ,,   13 ans.    同治, T'ōng Tché, 1862;   ,,   13 ans.
乾隆, K'ién Lōng,  1736;   ,,   60 ans.    光绪, Kouāng Sú,  1875;   mi-janvier.
嘉庆, Kiā k'ín,    1796;   ,,   25 ans.
```

图 4 （《词典》第 660 页）

第七，法汉词汇表。

对法语词进行了相应的中文释义以及注音，如图 5：

```
à. Voyez dans, vers, jusqu'à, sur, etc.    Abat-jour. — de lampe, 燈罩子, Tēn tcháo
Abaisser. Voyez bas, baisser.                 tsè.
Abandonner. 丢, Tieōu, 弃, k'í, 拾, chě,   Abattre, faire tomber. 打, Tǎ, 伏, k'àn.
           顺, li.                          ‖ Démolir, 拆, ts'Y. ‖ Tuer, 杀, chā.
Abaque. 算盘, Souán p'án.                  Abcès. 瘡, Tch'ouāng.
```

图 5 （《词典》第 661 页）

第八，百家姓。

《词典》第 729 页至 731 页详细列举了中国的百家姓，并附有对应的汉语注音，分为单姓和复姓两个表，其中单姓共计 422 个，复姓共计 38 个。

171

第九，中国之外的国家。

《词典》第732页"PAYS ÉTRANGERS A LA CHINE"（中国之外的国家）列在一张表里，分为五部分，分别是欧洲、非洲、大洋洲、亚洲、美洲。因为当时与现在的地域划分有所差异，其中欧洲列举了19个国家，非洲列举了4个国家，大洋洲列举了8个国家，亚洲列举了20个国家，美洲列举了6个国家。

第十，中华帝国名。

《词典》第733页"EMPRIE CHINOIS"（中华帝国）列在一张表里，分为四个部分。第一部分包括三列，分别是省（19个）、首府（省会城市）、开放的港口，其中山西省、河南省、湖南省、贵州省、陕西省、甘肃省没有开放的港口；第二部分是满洲东三省；第三部分是蒙古；第四部分是高丽和朝鲜。

第十一，天干地支纪年法与基督纪元的换算标准。

从宗教用语贯穿整部词典就能看出编写者的宗教思想。在《词典》的第十三部分，对天干地支纪年法与基督纪元的换算标准有详细的解释说明。

2.《西蜀》的特点

第一，部首索引。

"RADICAL INDEX"（部首索引）共引214部，按笔画的多少进行排列，并有相应的页码，方便学习者查阅。

第二，亲属称谓表。

"前言"中指出："末尾的称谓表，旨在帮助人们梳理脉络，理清复杂的人际关系。"中国文化博大精深，且非常注重亲表关系，所以在亲属称谓方面分得非常详细，这是钟秀芝长期居住在成都的切身感受。对亲属称谓的详细分类，足以见他对中国文化理解之透彻。

第三，音节索引。

钟秀芝在"前言"中指出，"音节索引确保学生能由发音找到与之对应的文字"。"音节索引"部分非常详细，每个音节的第一行是汉字，第二行是相对应的英语释义，第三行是相应汉字所在的页码。如《西蜀》第665页：

Men	们[1]	们[2]	门	闷[4]	漫
	plural	plural	door	sad	flood
	23	23	542	188	313

第四，英语索引。

作者之所以在最后一部分列出"英语索引"，是希望《西蜀》成为一部完备的英汉词典。例如："Abortion，260，343，451"（《西蜀》第709页），即"小月 an abortion"（《西蜀》第260页），"小产 an abortion"（《西蜀》第343页），"胎落了 abortion"（《西蜀》第451页）。英语索引非常便于学习者查阅相应的方言用例。

四、小结

《词典》与《西蜀》分别记录了19世纪末川南、川西方言的真实情况，本文对两部词典的编写体例进行了分析，发现这两部汉法词典与汉英词典在编写体例方面各有特色。

《词典》不仅列举了"汉语口语读音音序表""编年表""百家姓""中国之外的国家""中华帝国名""天干地支纪年法与基督纪元的换算标准"，还对词典中出现的"符号"以及"缩写"进行了详细说明。由于"数量词"是汉语的一大特色，所以作者也在主体部分之前单独对此进行了详细讲解。"部首索引"以及"音节索引"是《西蜀》的一大特色。虽然"法汉词汇表"也是《词典》的一大特色，其对法语词进行了相应的中文释义以及注音，但是却没有像《西蜀》一样标有相应的页码，不过《西蜀》的"英语索引"只有页码，二者各有特色。由于《西蜀》并没有像《词典》一样对方言用例进行注音，学习者即使理解了外文释义，对方言用例的发音也可能存在问题，所以《西蜀》对传教士的四川方言基础要求更高。

参考文献：

陈兰.《西蜀方言》疑问句研究及其在对外汉语教学中的价值与启示[D]. 成都：四川师范大学，2014.

陈伟.《华西官话汉法词典》与19世纪后期川南方音[J]. 方言，2016（1）：47—54.

邓章应. 传教士所编《西蜀方言》及其在四川方言研究中的价值[J]. 汉语史研究集刊，2011（14）：233—244.

杜晓莉. 浅谈一部传教士编著的四川方言辞书——《西蜀方言》[J]. 四川民族学院学报，2011（6）：51—55.

郭莉莎.《西蜀方言》词汇研究[D]. 成都：四川师范大学，2003.

黄灵燕. 再论钟秀芝《西蜀方言》的入声和基础音系问题[J]. 语言科学，2010（4）：

402—415.

金小栋. 从《华西官话汉法词典》看19世纪末西南官话的介词系统［J］. 三峡论坛，2016（5）：55—59.

李明晶. 中级汉语会话课本（韩文翻译）［M］. 北京：北京语言大学出版社，2005.

李炜，刘亚男. 西南官话的"跟"——从《华西官话汉法词典》说起［J］. 中国语文，2015（4）：358—363.

李晓东.《西蜀方言》研究［D］. 成都：四川师范大学，2011.

廉东星. 现代汉语词典［M］. 广州：世界图书出版广东有限公司，2008.

马正玲.《西蜀方言》句法研究［D］. 成都：四川师范大学，2012.

千叶谦悟.《西蜀方言》同音字表，《中国语学研究·开篇》，139—158. 东京：好文出版，2006.

千叶谦悟.《西蜀方言》与一百年前的四川方言音系［G］//姚小平. 海外汉语探索四百年管窥：西洋汉语研究国际研讨会暨第二届中国语言学史研讨会论文集. 北京：外语教学与研究出版社，2008.

袁雪梅，邓英树.《西蜀方言》音系性质辨［J］. 四川师范大学学报，2020（3）：167—174.

曾晓渝.《西蜀方言》的音乐性质［J］. 方言，2018（3）：263—275.

甄尚灵.《西蜀方言》与成都语音［J］. 方言，1988（3）：209—218.

庄初升，阳蓉. 传教士西南官话文献的罗马字拼音方案［J］. 文化遗产，2014（2）：115—126.

Dictionnaire Chinois-Français de la langue mandarine parlée dans l'ouest de la chine avec un vocabulaire Français-Chinois. Hongkong：Imprimerie de la Société des Missions Ètrangères，1893.

GRAINGER A. *Western mandarin, or the spoken language of west China*［M］. Shanghai：American Presbyterian Mission Press，1900.

作者简介：

李佳玉，惠州学院文学与传媒学院教师，主要研究方向为近代汉语词汇、四川方言、话语分析。

中国文学

浅析《红楼梦》中补天遗石和神瑛侍者的关系

陈泓明

四川大学海外教育学院

摘 要：《红楼梦》第一回女娲补天神话和神瑛绛珠神话中的补天遗石和神瑛侍者的关系问题，在红学界一直争论不休。为了厘清这一问题，本文考察了文本内证、脂批和相关旁证，在此基础上得出的初步结论认为尽管二者现世的化身通灵宝玉和贾宝玉之间确实有密切联系，但是二者基本上是相互独立的，前者代表作者，后者则为小说主人公的前身。

关键词：补天遗石；神瑛侍者；通灵宝玉；贾宝玉

A Tentative Analysis of the Relationship Between the Discarded Stone of Nüwa and Shenying Shizhe the Immortal

Chen Hongming

School of Overseas Education, Sichuan University

Abstract: There are two major mythical stories in the novel *Dreams of the Red Chamber*, namely, the story about the immortal Shenying Shizhe watering the withering plant Jiangzhu Cao to save its life and that of the Goddess Nüwa patching up the cracked sky. In the academia, it has long been disputed about the relationship between Shenying Shizhe and the sole stone unused in the great undertaking of Nüwa. To clarify this issue, this thesis investigated the text of the novel, the annotations of Zhiyanzhai, and other related evidence so as to reach the preliminary conclusion that the two entities even though they are closely related in their next lives, they are basically independent, with the former representing the prelife of the protagonist of the novel and the latter the author himself.

Keywords：the discarded stone of Nüwa；Shenying Shizhe；the efficacious jade；Jia Baoyu

在《红楼梦》这部皇皇巨著的开头，作者为两位主角贾宝玉和林黛玉精心设计了优美动人的神话故事，从而为二人凄美的爱情增添了神秘主义的命定色彩。然而令笔者深感困惑的是补天遗石（或补天弃石）和神瑛侍者的关系问题。在通行的程高本中，补天遗石化身神瑛侍者，用甘露灌溉了即将枯萎的绛珠草，使其久延岁月。但在红学界普遍认为更接近曹雪芹生前真本的甲戌脂本中，补天遗石似乎又和神瑛侍者毫无关系。过往的红学研究对此也是众说纷纭，欧丽娟（2017）认为弃石、神瑛侍者、贾宝玉三者之间是三而一的关系，意即前两者均为贾宝玉的前身。但是也有研究认为弃石和神瑛侍者二者相互独立，并无瓜葛。下面笔者将就此进行仔细的剖析。

笔者认为补天遗石和神瑛侍者确实不能混为一谈。我们可以先来看弃石的问题。在甲戌本第一回，石头曾向茫茫大士和渺渺真人言道："弟子蠢物，不能见礼了"，另外石头也尚需仰赖大士的神力，将其"变成一块鲜明莹洁的美玉，且又缩成扇坠大小的可佩可拿"，如此一来石头自己变化为神瑛侍者一事在逻辑上就有些自相矛盾了。恐怕就是因为这个原因程高本才不得不将这段情节改为"此石自经锻炼之后……**自去自来，可大可小**。"①"（一僧一道）来到这青埂峰下，席地座谈。见着这块鲜莹明洁的石头，且又缩成扇坠一般，甚属可爱"，似乎石头自己就能缩小，以顺应后文石头化身神瑛侍者的情节。

庚辰本第二回，冷子兴演说荣国府时，说道："（贾宝玉）一落胎胞，嘴里便衔下一块五彩晶莹的玉来，上面还有许多字迹，就取名叫作宝玉。"这

---

① 本文中加粗部分表示强调。

块跟贾宝玉共赴红尘的美玉正是补天遗石的幻相,而玉之五彩还回应了女娲炼五色石以补苍天的神话传说。第八回,宝钗看玉时又道"宝钗托于掌上,只见大如雀卵,灿若明霞,莹润如酥,五色花纹缠护。这就是大荒山中青埂峰下的那块顽石的幻相……"?这里又再次提到了五色花纹。第二十五回,茫茫大士和渺渺真人化身癞僧跛道前来救治中邪的宝玉、熙凤二人时,茫茫大士曾对宝玉叹道:"青埂峰下一别,展眼已过十三载矣。"此时宝玉已经十三岁,故大士有此一言。

庚辰本第十七至十八回①元妃省亲当晚"**此时**自己回想当初在大荒山中,青埂峰下,那等凄凉寂寞;若不亏癞僧、跛道二人携来到此,又安能得见这般世面。本欲作一篇《灯月赋》、《省亲颂》,以志今日之事,但又恐入了别书的俗套。按此时之景,即作一赋、一赞也不能形容得尽其妙;即不作赋、赞,其豪华富丽,观者诸公亦可想而知矣。所以到是省了这工夫纸墨,且说正经的为是。"此处的"此时"恐应为"此石"之误。这一段非常特殊,不但点明通灵宝玉即为补天遗石的化身,而且作者还跳出文本夫子自道,所谓补天遗石不过是作者的代称,用脂砚斋的话说,这正好体现了作者的狡黠之处。同样在这一回,为了解释世代书香的贾府为何会采用时年尚幼的贾宝玉所题匾联,作者再一次现身说法"诸公不知,待蠢物将原委说明,大家方知。"此处的"蠢物"自然还是指补天遗石,也就是作者自己。这两处程高本也基本都删去了,因为在程高本系统中顽石等同于神瑛侍者又等同于今生的贾宝玉,这段话与这一推理逻辑明显是矛盾的。贾宝玉只是小说的主人公,绝不可能身兼二任又变成了作者。

结合以上文本内证,我们可以认为通灵宝玉是补天遗石在尘世中的幻相,补天遗石则是通灵宝玉的"本质",二者均可等同于作者曹雪芹。从补天遗石到通灵宝玉即是从前世到今生,从仙界到人间;而从通灵宝玉再到补天遗石,则不但寄托了作者返璞归真的思想,同样也是其个人和家族命运的写照。就作者以顽石自况而言,我们还可以在小说文本之外找到更多的证据。

曹雪芹挚友敦敏在其诗作《题芹圃画石》中写道:"傲骨如君世已奇,嶙峋更见此支离。醉馀奋扫如椽笔,写出胸中磈礧时。"(一栗,1964)这明显是将画中石与作画人相比,突出了雪芹的傲骨和棱角,又充满了对其怀

---

① 庚辰本这两回未曾分开。

才不遇、身世畸零、命运多舛的慨叹。不仅曹雪芹本人爱石，以石入画，更以石自况，其祖父曹寅也是奇石的"狂热"爱好者。其诗作《坐弘济石壁下及暮而去》道："我有千里游，爱此一片石。徘徊不能去，川原俄向夕……"千里长行之时，见一奇石，便恋恋不舍，观玩一天，日暮方去，足见其爱石之深。其长诗《巫峡石歌》则道："巫峡石，黝且斓，周老囊中携一片，状如猛士剖余肝。坐客传看怕殨手，扣之不言沃以酒。将母流星精，神蜦食，雷斧凿空摧霹雳，娲皇采炼古所遗，廉角磨砻用不得。或疑白帝前，黄帝后，漓堆倒决玉垒倾。风煦日暴几千载，漩涡聚沫之所成。胡乃不生口窍纳灵气，崚嶒骨相摇光晶。嗟哉石，顽而矿，砺刃不发硎，系春不举踵。研光何堪日一番，抱山泣亦徒潸潸。"在此诗人不但将身世离奇、状貌惊人的巫峡石与女娲补天之遗石联系起来，还将其比作不为世人所识的和氏璞玉，嗟叹其棱角锋芒、灵性未通、终归无用的命运。从曹寅的这两首诗，我们不但可以看出曹雪芹家学渊源、世代书香，而且可以想见祖父曹寅对其性格修养、人生志趣、文学创作的影响恐怕也不容低估。

其实出生在石头城金陵，又以石头记传世的旷世奇才曹雪芹之所以自比为补天遗石，这其中无疑还寄托了自己痛入骨髓的愧悔和悲哀。试想一下，一共三万六千五百零一块补天石，其余三万六千五百块均得以经天纬地经世济民，却单单只剩一块被弃于大荒山青埂峰下。这不只是畸零，简直是畸零的极致。无怪乎此石"自怨自嗟，日夜悲号惭愧"。就曹雪芹的现实处境而言，在家族由繁华走向败落的危急存亡之秋，自己束手无策毫无作为，眼睁睁地看着家族"忽喇喇似大厦倾"，族人"树倒猢狲散"，这其中深切的悔恨也许只有当事者自己最清楚。

现在我们再来看神瑛侍者的问题。庚辰本第一回，在甄士隐的梦中，茫茫大士对渺渺真人言道："只因西方灵河岸上三生石畔，有绛珠草一株，时有赤瑕宫神瑛侍者，日以甘露灌溉，这绛珠草便得久延岁月……恰近日神瑛侍者凡心偶炽，乘此昌明太平朝世，意欲下凡造历幻缘，已在警幻仙子案前挂了号。"这说明下凡历劫的只能是神瑛侍者，而非他人。庚辰本第三回，宝黛初见时，黛玉"便吃一大惊，心下想道：'好生奇怪，到像在那里见过的一般，何等眼熟到如此！'"宝玉也"笑道：'这个妹妹我曾见过的。'"众所周知，黛玉的前世是绛珠草，那宝玉的前身就必然是神瑛侍者，只有这样二人今生相见才会眼熟，当然这同时也回应了"三生石畔旧精魂"的典故。

庚辰本第五回，歌咏黛玉和宝钗的终身误曲道："都道是金玉良姻，俺只念木石前盟……"因为黛玉在文本中多次自称为"草木人"（比如第二十八回"我没这么大福禁受，比不得宝姑娘，什么'金'什么'玉'的，我们不过是草木之人。"），此处的"木"自然是指绛珠草，而前世和绛珠草有过盟约的只有神瑛侍者一人而已。此处需要稍微澄清一下，这里的"石"绝非补天遗石，因为它和绛珠草没有任何交集，自然也谈不上"木石前盟"。至于赤瑕宫神瑛侍者为何为"石"，这就必须从"瑕""瑛"二字说起。据汉语大字典（1992），"瑕"《说文解字》释为"玉小赤也。"《文选·司马相如〈上林赋〉》"赤瑕驳荦，杂臿其间。"郭璞注引张揖曰："赤瑕，赤玉也。"此处"赤瑕"也是"赤玉"之意。王念孙《广雅疏证》（1983）认为："瑕者，赤色之名。赤云气谓之霞，赤玉谓之瑕，马赤白杂毛谓之騢，其义一也。"①甲戌本脂砚斋夹批也认为："赤瑕点红字玉字二（也）。"② 综上，"瑕"本身就有"赤玉"之意，再加上赤字，就进一步加强了其红色属性。结合文本中，贾宝玉所居的"绛芸轩""怡红院"，在诗社中所取的别号"怡红公子"，"爱红的毛病"，如护花使者般怜香惜玉乃至"为诸丫鬟充役"的行为，以及前期"绛洞花主"的心态，"赤瑕"二字还是相当贴切的。另一方面，"瑕"字确实也有"瑕疵"之意。甲戌本脂砚斋眉批道："按'瑕'字本注：'玉小赤也，又玉有病也。'"小说文本也屡次提到贾宝玉"有时似傻如狂"，一见黛玉无玉"登时发起痴狂病来"，还有种种"爱红的毛病"，被认为是"痴子""呆雁"，常常"有些呆气"，会犯"呆病"，在"情悟梨香院"之前还有点感情上的个人中心主义。故而以"赤瑕"命名确实"恰极"。程高本将"赤瑕"改为"赤霞"，可能是单单只考虑到"瑕"有"瑕疵"之意，不够雅驯吧。

至于"瑛"字，《说文解字》释为"玉光也。"另外《玉篇》认为："瑛，美石，似玉……水精③谓之玉瑛也。"甲戌本脂砚斋夹批道："单点玉字二。"④ 由此可见，"瑛"大概是一种类似于水晶的晶莹剔透、熠熠生辉的玉石。关于"绛珠神瑛"神话，甲戌本还有眉批道："以顽石草木为偶，实历尽风月波澜，尝遍情缘滋味，至无可如何，始结此木石因果，以泄胸中悒郁。古人之'一花一石如有意，不语不笑能留人'，此之谓也。"此处的"顽

---

① 除《七辩》例句外，"瑕""瑛"二字定义和例句均引自汉语大字典，详见参考文献。
② 句中"二"应为"也"之误。
③ 即水晶。
④ 句中"二"亦应为"也"字之误。

石草木""木石因果"等皆是指"绛珠草"和"神瑛侍者"而言。结合以上"瑕"和"瑛"的定义，我们将神瑛侍者理解为某种玉石或者玉石的幻相，应该就是顺理成章的了。

庚辰本第三十六回，"宝玉在梦中喊骂说：'和尚、道士的话如何信得！什么是'金玉姻缘'，我偏说是'木石姻缘'！"这里固然是对"金玉良姻"的反抗，但是此处的"木石姻缘"依然是对前文"木石前盟"的重复和强化，所指代的内容也毫无二致。

庚辰本第十五回，"一时宽衣安歇的时节，凤姐在里间，秦钟、宝玉在外间……凤姐因怕通灵玉失落，便等宝玉睡下，命人拿来塞在自己枕边。宝玉不知与秦钟算何帐目，未见真切，未曾记得，此系疑案，不敢纂创。"此处作者故意启人疑窦，也体现了其详略有当的高超写作技巧，但在另一方面也能说明通灵宝玉和神瑛侍者（以及神瑛侍者现世的化身贾宝玉）并非一体。如若不然，为什么通灵宝玉和贾宝玉一旦分开，作者就"未见真切，未曾记得"了呢？只有将通灵宝玉看作作者本人，此处的叙事逻辑才能得到顺理成章的解释。

综上，补天遗石及其今世的化身通灵宝玉与神瑛侍者及其现世的化身贾宝玉，二者首先是相互独立的，不容混淆，前者代表作者，后者则为小说的主人公。但是我们也必须承认二者之间确实有密切的联系，虽然我们不认为《红楼梦》完全是曹雪芹的自传，但是这确实是一本带有浓厚自传色彩的小说。脂砚斋批语中多次提到作者因为出身世家公子，所以才能细细描摹出真正的贵族生活，便是明证。作者在中年时期家族覆灭之后，回忆前尘往事，斑斑血泪化成此书。小说的主人公贾宝玉很有可能代表了青少年时期身在"温柔富贵乡"中的作者的某个部分。这在文本中也有内证。比如庚辰本第二回，读者从冷子兴口中可知，贾宝玉不但衔玉而诞，而且就以宝玉为名。更何况，贾母还口口声声将通灵玉称为贾宝玉的"命根子"，万万不可遗失损毁，不但日间应时时随身佩戴，夜间还需将其塞于枕下共眠，这再次说明了二者之间密不可分的关系。

参考文献：

汉语大字典编辑委员会. 汉语大字典［M］. 缩印本. 武汉：湖北辞书出版社，1992：471，474.

欧丽娟. 大观红楼 1：欧丽娟讲红楼梦［M］. 北京：北京大学出版社，2017：

260-264.

王念孙. 广雅疏证［M］. 北京：中华书局，1983：296

一粟. 红楼梦资料汇编：上册［M］. 北京：中华书局，1964：6-7

作者简介：

陈泓明，四川大学海外教育学院讲师，主要研究方向为明清文学。